HISTOIRE

DES

ROIS DE THRACE

ET DE CEUX

DU BOSPHORE CIMMERIEN

ECLAIRCIE PAR LES MEDAILLES.

Par M. CARY de l'Académie de Marseille & de celle
de Cortone.

I. 208.

A PARIS,

Chez DESAINT & SAILLANT , Libraires, rue
S. Jean de Beauvais.

M. DCC. LII.

AVEC APPROBATION ET PRIVILEGE DU ROY.

A MESSIEURS

D E

L'ACADEMIE ROYALE

DES INSCRIPTIONS

ET BELLES LETTRES.

ESSIEURS,

MON extrême vénération pour votre illustre com-
pagnie, & l'avantage que j'ai de connoître une par-

tie de ceux qui la composent, ne me permettent pas de faire paroître cet ouvrage sous d'autres auspices que les vôtres ; la reconnoissance seule auroit pû détermiter mon hommage, puisque ce sont vos propres recherches qui m'ont épargné la pluspart de celles que je n'aurois pas été à portée de faire par moi même, & qui m'ont infiniment aidé dans les autres. Ainsi, plutôt modeles que rivaux, vous excitez l'émulation de ceux qui se préparent à entrer dans la même carrière, & vous leur tracez la route qu'ils doivent tenir pour arriver heureusement au but. Tous les genres de littérature vous sont également redevables de leurs succès ; vous ouvrez aux savans les trésors d'une Bibliothèque immense & vraiment Royale confiée à vos soins ; vous leur communiquez les plus respectables monumens de l'Antiquité, en leur en dévoilant les mystéres & l'utilité : vos Mémoires pleins d'une érudition profonde, agréable & variée, contiennent les plus intéressans détails, les anecdoctes les plus singuliéres de l'Histoire ancienne & moderne : vous y

EPITRE.

joignez les éloges, c'eſt à dire, la vie académique de ces dignes Confreres qui ont partagé la gloire de vos travaux, & le tribut de louanges dont vous honorez leurs talens, inſpire le plus ardent deſir de pouvoir un jour les imiter.

Je ſuis avec un profond reſpect,

MESSIEURS,

Votre très humble &
très obéiſſant ſerviteur

CARY.

PREFACE.

N Ous avons si peu de médailles des rois de Thrace, que si je m'étois borné à publier celles qui sont venues jusqu'à nous, une simple dissertation auroit suffi pour les faire connoître. Mais comme le hazard, ou les recherches des curieux & des gens de lettres, en feront découvrir infailliblement d'autres, qui sont encore dans les entrailles de la terre, ou qui restent ignorées dans quelques cabinets; j'ai cru qu'il seroit plus facile de déterminer la place qu'elles devront occuper, lorsqu'on auroit une histoire suivie des princes de cette monarchie. J'ai d'ailleurs été obligé de consulter tous les anciens qui ont parlé de ce royaume, pour prononcer avec plus d'assurance sur des difficultés & des doutes qu'ont fait naître les sentimens de quelques savans antiquaires. Seguin, Vaillant, Spanheim & d'autres auteurs, ont pris des rois du Bosphore Cimmérien pour des rois de Thrace. Ils ont confondu les médailles des uns & des autres; & en supposant que

les Thraces fuivoient une Ere qui étoit marquée
fur leurs médailles , ils ont établi des points de
Chronologie qui portent à faux. Il a donc fallu
recourir aux fources & chercher ce qui pouvoit
confirmer ou détruire leur opinion. Ces recherches & ces difcuffions m'ont infenfiblement conduit à écrire une hiftoire abregée des rois de Thrace , dans laquelle j'ai réuni ce qui fe trouve dif-
perfé dans plufieurs auteurs ; & où j'ai femé quelques traits de critique , lorfque l'occafion s'en eft
préfentée naturellement. Les modernes qui ont fait
entrer dans leurs ouvrages , des morceaux de l'hiftoire de Thrace , fe font trompés quelquefois ; &
on ne doit pas exiger d'eux une attention fcru-
puleufe dans des faits qui font en quelque forte
étrangers à leur fujet. Il eft difficile qu'il n'échappe
des inexactitudes aux perfonnes qui travaillent à
l'hiftoire générale , & qui ne font qu'effleurer les
circonftances hiftoriques. On laiffe le foin d'approfondir à ceux qui n'ont qu'un objet en vue ,
& qui s'attachant à des vies particulieres , ne peuvent fe difpenfer d'entrer dans les détails qu'on
attend d'eux. Mais dans quelque obligation que
l'on foit de ne rien obmettre d'effentiel , les vies
reftent imparfaites lorfque les mémoires manquent. C'eft ce qui arrive à l'égard de plufieurs
rois de Thrace , dont les auteurs ne nous apprennent prefque rien , & fur lefquels il refte quelques
incertitudes. Ces inconvéniens font communs à
toutes les hiftoires anciennes : on ne doit ni les
déguifer,

déguiser, ni y suppléer par des conjectures frivo-
les. La perte d'une infinité d'ouvrages des anciens
est irréparable ; il ne reste qu'à faire usage de ce
qui s'est conservé : nous ne sommes responsables
que de ce que nous possédons. Cependant il faut
avouer que l'histoire de Thrace n'est pas celle qui
a été la plus négligée par les écrivains de l'antiquité : on verra que les plaintes sont mieux fondées à l'égard de celle du Bosphore Cimmérien,
sur laquelle les témoignages sont bien moins nom-
breux. Il est vrai que le Bosphore fournit beaucoup
plus de médailles que la Thrace ; & cela fait une
espéce de compensation. L'avantage de jouir de
ces doubles preuves, est reservé à ces empires fertiles en grands évenemens, & à ces peuples fameux qui ont donné naissance aux célèbres histo-
riens Grecs ou Romains : une foule d'écrivains
ont éternisé leur gloire ; & une multitude d'inscriptions & de médailles, sont encore des témoignages de leur ancienne grandeur. Mais il ne faut
pas s'attendre à de pareils secours dans l'histoire
des nations reculées, ou barbares, qui ne sont re-
commandables ni par leur puissance, ni par la culture des Arts. Il est heureux quand on entreprend
de les faire connoître, d'avoir au moins des auto-
rités respectables à citer, & des témoins irrépro-
chables à produire. J'ai puisé dans les meilleurs auteurs ce que j'ai dit des rois de Thrace ; & j'ai
trouvé la succession de ceux du Bosphore, dans
la suite de leurs médailles. Dans les premiers, les

témoignages des anciens font appuyés de quelques médailles. Dans les feconds, la place que les médailles occupent, eſt confirmée par les paſſages de quelques écrivains. Ainſi on pourroit dire avec confiance que cette hiſtoire des rois de Thrace & de ceux du Boſphore Cimmérien, a les caractères des hiſtoires les plus authentiques, puiſqu'elle eſt fondée à la fois ſur les témoignages des meilleurs auteurs, & ſur les monumens contemporains.

HISTOIRE

DES

ROIS DE THRACE.

HISTOIRE
DES ROIS
DE THRACE.

ES Thraces, qui de Teiras descendant de
Japhet, furent appellés Teires, & ensuite
Thraces, occupoient anciennement un
vaste pays qui comprenoit une partie de
la Macédoine, & tout ce qui est renfer-
mé entre le fleuve Strymon, le Mont Hæmus, & le
Pont-Euxin. Ils s'étendoient au-delà du Danube & du
Borysthène. Ils étoient divisés en plusieurs peuples qui
avoient des mœurs différentes, & une forme de gouvernement particuliére. Les uns, comme les Besses,
cruels & féroces, fort craints & peu connus, ne vivoient que de rapine. Les autres, troupes mercenaires,
prêtoient leurs secours à ceux qui les appelloient, &
sous la conduite d'un chef de leur nation, servoient indifféremment des partis contraires. Tels sont les Odo-

*Joseph. Ant.
Jud. l. 1. c. 6.*

*Hérod. l. 5.
Strab. l. 7.*

A

Thucyd. Fd.
St. l. 5. p. 346.
Id. l. 2. p.
127.
Polyb. Edit.
Gio. l. 5. p
780.
Arri. Exp.
Aléx. l. 1. p. 4.
Freinshem.
Supp. Q. C. l. 1.
c. 5.
Plut. Apop.
Virgil. l. 1.
P. Mel. l. 2.
Meurf. reg.
Att. l. 1. c. 7.
Euftath. in
Dionyf.
Hérod. l. 1.
l. 3. l. 7.
Strab. l. 7.
Euf. Chron.
Conft. Th. 3.
Ili. B. E. Z.
Hift. Jul.

mantes dont parle Thucydide, qui fourniſſoient des troupes aux Athéniens : tels ſont ceux qui habitoient les montagnes, & les Autonomes dont Sitalcès compoſa ſon armée : tels ſont encore tous ces corps de Thraces qui étoient au ſervice d'Athènes, de Lacédémone, & des rois de Macédoine ou d'Aſie. Enfin, les troiſiémes ſoumis à l'état monarchique, avoient des rois qui les gouvernoient. Dès le tems de la guerre de Troye, on voit Rhæfus & Poltys rois de Thrace : & peu après, un des fils de Théſée épouſa la fille d'un roi de Thrace. La migration des Thraces en Aſie, dont Hérodote, Strabon & Euſébe parlent, & dont Conſtantin Porphyrogénete raconte quelques ſingularités, nous donne auſſi le nom de quelques anciens rois de Thrace. Homere en nomme pluſieurs, de la Cherſonèſe, ou des autres parties de la Thrace ; & Reineccius cite les Auteurs qui en font connoître d'autres, dont je me diſpenſe de faire l'énumération.

Mais ces faits appartiennent à des tems fabuleux ou ténébreux (*a*) : ce n'eſt que pluſieurs ſiécles après que l'on peut ſuivre la dynaſtie de ces rois, lorſque la Thrace proprement dite, ſous la puiſſance du roi des Odryſes, s'étendoit de l'Occident à l'Orient depuis le fleuve Strymon, ſur les confins de la Macédoine, juſqu'au Pont-Euxin ; & du Septentrion au Midi, depuis le Mont Hæmus juſqu'à la Mer Ægée. Il eſt vrai qu'on voit paroître de tems en tems d'autres rois Thraces ; mais ſoit que leur puiſ-

---

(*a*) De même que ce que rapporté Diodore de Sicile l. 3. des conquêtes de Bacchus dans la Thrace & de quelques rois de cette nation ; & ce que nous liſons dans Appien Alex. au commencement du livre de la guerre de Mithridate.

fance fût bornée à des Etats de peu d'étendue , foit qu'ils n'ayent été que les chefs de quelques barbares, ou qu'ils ayent eu peu de part aux événemens que les Hiftoriens nous ont tranfmis,fi on en excepte les Sapéens & les Beffes , ils font à peine nommés , & il eft impoffible d'en former une fuite. Il n'y a que le royaume des Odryfes , la plus confidérable des dynafties de la Thrace , qui fourniffe une fucceffion de rois , & qui faffe partie de l'Hiftoire Grecque ou Romaine.

TERES I.

Vers la quatre-vingt-feptiéme Olympiade.

TEres ou Tyres , ainfi que l'appelle Hérodote , fut le fondateur du royaume des Odryfes , ou du moins il le rendit très-puiffant (*b*) , & lui donna une étendue qu'il n'avoit pas auparavant (*c*). Nous n'avons pas la date précife de fon élévation , ou de fes conquêtes , mais nous fçavons qu'elles précédèrent la guerre du

l. 7.

(*b*) Car on fçait d'ailleurs par le témoignage de plufieurs Auteurs , que les Odryfes étoient plus anciens que Térès , & qu'ils tiroient leur nom d'un Odryfe qu'ils honorérent enfuite comme une Divinité , & qu'on croit être le même que Teiras ou Tiras defcendant de Japhet.
(*c*) Les termes de Thucydide *l.* 2. *p.* 117. pourroient fouffrir deux interprétations. Je me fixe à celle qui fait dire à Thucydide , que Térès agrandit feulement le royaume des Odryfes ; conformément à ce paffage de Diod. de Sic. *l.* 12. qui en parlant de la grandeur de Sitalcès fils de Térès , dit : τὸ δὲ πέλος ὅτι ποῦτοι δυνάμεως περιλθεῖν , ώς χώρας ἄρξαι πλείσης τῶν πρὸ αὐτῶ βασιλευσάντων κατὰ τὴν Θράκην.

Il n'eft pas douteux qu'il y avoit eu chez les Thraces des rois avant Térès : outre ceux que j'ai nommés ci-devant , l'on prétend qu'Orole bis-ayeul de Thucydide étoit prince d'une partie de la Thrace : mais Térès devenu plus puiffant que tous ceux qui l'avoient précédé , fut regardé comme le fondateur de la Monarchie. Je crois devoir obferver , après Thucydide , qu'il ne faut pas confondre Térès avec Térée fi connu par l'aventure de Philomèle : il eft vrai qu'ils ont vécu dans des tems différens , mais comme il y a de la conformité dans les noms , & qu'ils étoient Thraces l'un & l'autre , Thucydide les a diftingués avec foin.

A ij

Péloponèfe, qui commença la feconde année de la
quatre-vingt-feptiéme Olympiade, la trois cent vingt-
troifiéme de la fondation de Rome, & la quatre cent
trente-uniéme avant J. C. Ce fut fans doute par la force
des armes, & par des exploits fignalés, que Térès ac-
quit le titre de Roi. Il aimoit la guerre avec paffion, &
il difoit que quand il vivoit dans le repos & qu'il n'é-
toit pas à la tête de fes troupes, *il croyoit ne valoir
pas mieux que ceux qui avoient foin de fes chevaux.* Il
avoit porté la guerre dans plufieurs endroits de la
Thrace. Xénophon nous apprend qu'il fe laiffa furprendre dans une occafion par un peuple dont la bra-
voure s'exerçoit fur tout en tombant de nuit fur l'ennemi. Pour prévenir de pareilles furprifes, les defcendans
de Térès avoient foin d'avoir pendant la nuit autour de
leur tente, des chevaux prêts à marcher. Hérodote nous
apprend que ce prince eut une fille mariée à un roi
Scythe. C'eft tout ce que nous fçavons de la vie de
Térès, quoi qu'elle ait été bien longue, & qu'il ait
vécu jufqu'à l'âge de 92 ans.

Thucy. l. 1.

*Plut. Apo.
Ed. St. 303.*

*Expéd. Cyri.
l. 7.*

l. 4.

*Lucian. in
longavis.*

S I T A L C E S.

*La première année de la quatre-vingt-huitiéme Olympiade,
la trois cent vingt-fixiéme de Rome.*

SItalces qui fuccéda à Térès la première année de
la quatre-vingt-huitiéme Olympiade, ne reçut de
fon pere, fi nous en croyons Diodore, qu'un royaume
de médiocre étendue ; mais fes vertus, fes exploits,
& les tributs aufquels fe foumirent les peuples qu'il

l. 12. p. 312.

avoit conquis, le rendirent très puiſſant, & il acheva
ce que ſon pere avoit commencé. Thucydide qui fait
une deſcription aſſez détaillée des Etats de Sitalcès,
dit qu'ils s'étendoient depuis le fleuve Strymon, juſqu'à l'embouchure du Danube : il pouſſe l'exactitude au
point de nous apprendre combien il falloit de jours pour
faire le voyage par mer, depuis Abdère juſqu'au Danube ; & par terre depuis Byzance juſqu'au fleuve Strymon. Ce dernier trajet étoit de treize jours de marche.
Diodore qui parle auſſi de ces diſtances, s'écarte un
peu de Thucydide qu'il copie. (d)

Un prince tel que Sitalcès n'étoit point indifférent
aux Puiſſances voiſines. Les Athéniens recherchérent
ſon alliance ; ils s'adreſſérent à Nymphodore de la ville
d'Abdère, qu'ils avoient regardé juſqu'alors comme
leur ennemi, & qu'ils mirent pourtant dans leurs intérêts. Nymphodore avoit de l'autorité dans la Thrace ;
le mariage de ſa ſœur avec Sadoque fils du Roi, lui
donnoit beaucoup de pouvoir à la cour de Sitalcès. Il
engagea ce prince à devenir l'allié des Athéniens, &
à leur envoyer des troupes. Athènes par reconnoiſſance
donna à Sadoque le titre de Citoyen, affiliation hono-

l. 2, p. 166.

l. 12. p. 112.

(d) Ce qu'on lit dans Thucydide l.
2. de la grandeur du royaume de Sitalcès qui s'étendoit depuis le fleuve
Strymon juſqu'au Danube, doit s'entendre de l'endroit où le Strymon
prenoit ſa ſource dans le mont Pan-
gæe, & non de ſon embouchure. Les
terres qui étoient entre le Strymon
& le Neſtus, ou Neſſus, étoient
occupées par les Piériens que les
Macédoniens avoient chaſſés de leur
pays, & par quelques Thraces indépendans. Cette diſtinction que les
Géographes n'ont pas faite, eſt néceſſaire pour que les anciens ne paroiſſent pas en contradiction. Une
preuve que le pays entre le Strymon
& le Neſſus n'appartenoit pas aux
Thraces, c'eſt que Thucydide, en
fixant les limites de ce royaume du
côté de la mer, commence à Abdère qui étoit à l'embouchure du
Neſſus : il n'auroit pas manqué de
commencer par le fleuve Strymon,
ſi la Thrace s'étoit étendue juſques-
là du côté de la mer. Dans la ſuite
ce pays, occupé par les Piériens, fut
joint à la Macédoine.

Thucy. l. 2.
pp. 118. 143.
rable & recherchée, qui engageoit ceux qui la recevoient à prendre le parti d'une ville qui devenoit pour eux une seconde patrie.

Sitalcès fut sur le point d'avoir une guerre à soutenir contre les Scythes. Cette nation avoit chassé Scylès Hérod. l. 4. un de ses rois, parce qu'il préféroit les usages des Grecs à ceux de son pays. Sitalcès reçut Scylès à sa cour. Les Scythes croyant que c'étoit pour lui donner du secours, & l'aider à remonter sur le trône, portèrent la guerre en Thrace : mais Sitalcès qui en accordant l'hospitalité à Scylès n'avoit pas eu en vûe d'entrer en guerre avec les Scythes, leur livra Scylès, à condition qu'ils lui rendroient son propre frere, exilé de Thrace, qui s'étoit réfugié chez eux.

Le roi de Thrace fit de grands préparatifs de guerre pour seconder les Athéniens qui vouloient porter la guerre chez les Chalcidiens, dont ils avoient à se plain- Strab. l. 10. dre. Ce peuple étoit une colonie des Eubéens qui avoient été fondés par les Athéniens : il étoit donc, pour ainsi dire, petit-fils d'Athènes. Cependant, sans égard à cette affiliation, il quitta le parti des Athéniens pour sui- Thucy. l. 1.
p. 38. vre celui de Perdiccas roi de Macédoine. Sitalcès devint l'instrument de la vengeance des Athéniens : il leur promit de faire la guerre aux Chalcidiens qui possédoient quelques villes entre la Thrace & la Macédoine. Pour tenir ses engagemens, & se venger en même tems de Perdiccas qui lui avoit manqué de parole, il se mit à la tête d'une armée considérable. A sa suite étoit Amyntas Id. l. 2. p.
165. qu'il avoit dessein de mettre sur le trône de Macédoine, à la place de Perdiccas son oncle. Mais ce projet n'eut aucun succès. Ses troupes souffrirent par la rigueur de

l'hiver, & par le défaut de vivres : d'ailleurs Perdiccas gagna fecretement Seuthès neveu de Sitalcès ; & lui ayant promis en mariage Stratonice fa fœur, Seuthès perfuada à Sitalcès de fe retirer. Ainfi cette entreprife n'eut d'autre fuite que le mariage de Seuthès qui époufa Stratonice.

Peu de tems après, Sitalcès fut tué dans un combat contre les Triballes, la huitiéme année de la guerre du Péloponèfe. On peut conjecturer par la lettre de Philippe de Macédoine aux Athéniens, que Seuthès avoit été foupçonné du meurtre de fon oncle. Philippe dit affirmativement qu'il en étoit coupable ; mais comme l'a obfervé M. de Tourreil, Philippe donnoit en cette occafion un foupçon pour une vérité. *Thucy. l. 4. f. 329.*

Notes fur Démofthène.

Nous avons vû que Sitalcès avoit un fils nommé Sadoque que les Athéniens mirent au nombre de leurs citoyens : il faut que ce fils foit mort avant fon pere, puifqu'il ne lui a pas fuccédé. Il n'eft connu que par la trahifon que fon affiliation à la ville d'Athènes lui fit commettre envers des envoyés de Lacédémone qui alloient demander du fecours au roi de Perfe. Ces Spartiates s'arrêterent à la cour de Sitalcès, & firent quelques tentatives pour l'engager à quitter le parti des Athéniens, après quoi ils continuérent leur voyage. Il y avoit alors auprès de Sitalcès des députés d'Athènes qui perfuadérent à fon fils Sadoque, qu'il falloit faire arrêter ces envoyés de Lacédémone, & qu'il ne devoit pas fouffrir qu'ils achevaffent une ambaffade qui avoit pour objet de nuire à Athénes dont il étoit citoyen. Sadoque du confentement de Sitalcès fit ce que les députés lui demandoient, & leur livra *Thucyd. f. 141. Hérod. l. 7. c. 137.*

ces envoyés, qui furent conduits à Athènes où on les fit mourir.

S E U T H E S I.
l'an de Rome 330. *avant* J. C. 424.

S Euthes, fils de Sparadoque, & neveu de Sitalcès, monta fur le Tróne après la mort de fon oncle, & lui
Thucy. l. 2. fuccéda dans fes Etats. Son pere étoit vraifemblable-
p. 171. ment ce frere de Sitalcès, qui s'étoit réfugié chez les
Hérod. l. 4. Scythes. Seuthès fut ami d'Athènes, qui lui accorda les droits de citoyen : fous le regne précédent, il avoit
Lettre de eu beaucoup d'autorité ; c'étoit, dit Thucydide, la fe-
Philippe. conde perfonne de l'Etat ; & comme la Thrace étoit un royaume héréditaire, on ne pouvoit pas lui difpu-ter le droit de fucceffion. Il rendit la Thrace puiffante
Thucy. l. 4. par les tributs qu'elle retiroit de plufieurs peuples ; mais
p. 320. nous ne fçavons pas l'ufage qu'il fit de fes forces. Thu-cydide qui étoit fon contemporain ne nous a prefque rien appris de la vie de ce prince, qui eut apparemment peu de part aux affaires du Péloponèfe.

M Æ S A D E.

L Es Hiftoriens ne difent pas pofitivement que Mæ-fade ait fuccédé à Seuthès ; mais il eft naturel de le conjeéturer fur le paffage de Xénophon, où il eft par-lé de ce prince. C'eft à l'occafion de Seuthès II. à qui
De expedit. les Grecs furent d'un grand fecours. Xénophon qui les
Cyri. l. 7. conduifoit, demanda à Seuthès en quoi les Grecs pou-
voient

voient lui être utiles. Le prince de Thrace lui répondit en ces termes. » Je fuis fils de Mæfade qui comman-
» doit aux Mélandites, aux Tynes, aux Thranipfes,
» [*peuples de Thrace vers l'Hellefpont.*] Une fédition
» des Odryfes priva mon pere de fes états : il mourut
» peu après, & me laiffa dans l'enfance. Je fus élevé à
» la cour de Médocus, qui eft aujourd'hui roi des
» Odryfes. Dès que j'ai été en état de porter les ar-
» mes, j'ai fouffert impatiemment de ne pas vivre com-
» me un homme de ma naiffance, & j'ai prié Médocus
» de me donner des troupes, afin que j'euffe les moyens
» de punir ceux qui ont détrôné mon pere, & de me
» rétablir dans fon royaume. Médocus m'a accordé
» les forces que vous voyez, & je fais fubfifter ces trou-
» pes en faifant des incurfions fur les terres de mon pere.
» Si vous venez à mon fecours (*e*), j'efpere avec la fa-
» veur des Dieux, rentrer dans mes états.

Ce témoignage de Xénophon nous donne une idée de la révolution qui arriva en Thrace après la mort de Seuthès. Ce prince laiffa vraifemblablement Mæ-fade héritier de fes états, & il y a toute apparence que le roi de Thrace faifoit alors fa réfidence dans les villes qui étoient fituées fur l'Hellefpont, & qu'il gouvernoit les autres par des lieutenans. Mais foit que ces gouverneurs traitaffent avec rigueur les peu-ples dont Mæfade leur avoit confié le commandement, foit que d'autres raifons euffent fait naître des troubles, les Odryfes fe foulevérent. Ils choifirent Médocus pour

---

(e) Dans le Grec d'Henri Etienne il y a ει δὲ μὴ ὑμῖς παραγίνωθε il faut ει δέ μοι &c. comme on lit dans l'édition de Bâle de 1545. du refte je n'ai pas traduit le difcours de Seu-thès mot à mot.

B

Roi , & chafferent Mæfade. Ce prince ne furvécut pas à fon malheur , & laiffa un fils en bas âge, qui fut élevé à la cour de Médocus.

MEDOCUS, Roi des Thraces Odryfes.

SEUTHES II. Roi des villes maritimes de la Thrace , ou des Sapéens. (*f*)

Vers l'an 400 *avant* J. C.

IL y a lieu de croire qu'après la révolution qui détrô-
na (*g*) Mæfade , les villes maritimes de la Thrace ne reconnurent pas Médocus pour roi , & qu'elles ref-terent libres. Médocus content de regner fur les Odry-fes ne fe mit apparemment pas en peine de réduire fous fon obéiffance des villes éloignées de fes états. C'eft ce qui le rendit plus facile à donner du fecours à Seu-thès II. lorfque ce prince fut parvenu en âge de com-mandei , & qu'il le pria de lui accorder quelques trou-pes pour tâcher de rentrer en poffeffion des villes qui avoient obéi à fon pere. Seuthès vint donc avec les

Xénop. ibid.

(*f*) Les Sapéens faifoient partie des Thraces maritimes , c'eft pour-quoi cette contrée eft appellée quel-quefois le royaume des Sapéens. *Step. Byz. Strab. l.* 12. *Appian. l.* 4.

(*g*) Je n'établis cette fucceffion que par conjecture , car le filence des Auteurs laiffe de l'incertitude à cet égard. Il fe peut & c'eft le fentiment d'un favant Académicien (M. Gi-bert de l'Acad. des Infcr. & Bell. Let. à qui j'ai communiqué cet ouvrage) que la divifion de la Thrace en Odry-fienne & en maritime , marquée affez expreffément dans Xénophon, qui en parlant de la Thrace Odryfienne dit : ־־־ & en nommant le prince qui regnoit fur les Thraces maritimes ,

dit : ἐπὶ Ͽαλάτͼͷ ἀϱχίͷͷ il fe peut dis-je , que cette divifion ait été faite après la mort de Sitalcès , & que ce prince ait eu pour fucceffeur Seu-thès I. dans la Thrace fupérieure , & Mæfade dans la maritime. Ce fen-timent fauve une efpéce de contra-diction qu'il y a à dire que Médocus, qui avoit été mis à la place de Mæfa-de , aida le fils de celui-ci à fe ré-tablir dans une partie de fes états. Mais comme d'un autre côté je ne vois pas la raifon du partage de la Thrace , après la mort de Sitalcès qui ne laiffe que Seuthès I. je ne dé-termine rien , & je me contente de propofer les deux opinions.

forces qu'il obtint de Médocus, camper dans les lieux maritimes de la Thrace, où ses soldats étoient obligés de fourrager pour subfister. Heureusement pour ce prince, Xénophon, célebre par ses écrits, & par le commandement que les Grecs lui confiérent en revenant de la malheureuse expédition de Perse, s'approchoit de ses états. Seuthès lui envoya Médosadès un de ses principaux officiers, pour l'engager par toute forte de promesses à venir le joindre avec ses troupes. Xénophon s'en défendit d'abord; mais n'ayant pu repasser en Asie, comme il s'étoit proposé : il consulta les Dieux pour sçavoir s'ils approuvoient qu'il marchât au secours des Thraces. La réponse fut favorable à Seuthès. D'ailleurs les Thraces étoient fidélement attachés aux Athéniens. Quelques années auparavant, Médocus & Seuthès s'étoient liés d'amitié avec Alcibiade, & lui avoient offert des troupes. Ainsi les Grecs se rendirent au camp de Seuthès, où ils furent très-bien reçus. Seuthès leur dit, qu'il suffisoit qu'ils fussent Athéniens pour avoir toute sa confiance, qu'il étoit ami & allié d'Athènes. Il leur exposa sa situation, & leur promit, s'ils l'aidoient à recouvrer les villes qui avoient été sous la domination de son pere, de les récompenser généreusement; de leur céder de vastes campagnes, & une ville forte située au bord de la mer. Il offrit à Xénophon une double alliance, en lui donnant sa fille en mariage (h), & en épousant une des siennes, qu'il ache-

Cornel. Nepos in Alcib. Diod. l. 1.

Xénoph. Ibid.

(h) Je ne sçais si Seuthès étoit dans un age à avoir une fille à marier : peut-être qu'il offroit à Xenophon fa sœur ou quelque fille du sang royal.

teroit & dont il donneroit une fomme confidérable (*i*).

Xénophon & tous les Grecs ayant accepté ces promeffes (*k*), furent enfuite admis à un grand repas que
Seuthès donna. C'étoit un ufage chez les Thraces, que
ceux qui mangeoient avec le Roi, buvoient à la fanté
du prince, & lui offroient, en tenant la coupe, des préfens proportionés à leurs moyens. La plûpart des con-
vives s'acquitterent de ce devoir. Xénophon étoit d'autant plus inquiet fur la façon de le remplir, qu'il n'a-
voit rien à offrir au Roi, & qu'il étoit affis à la place la plus
honorable. Lorfque fon tour fut venu, il prit la coupe,
fe leva, & s'adreffant à Seuthès : » Je me donne à vous,
» dit-il, avec tous ces Grecs, qui d'un commun ac-
» cord partageront les dangers où vous allez vous ex-
» pofer ; & qui avec le fecours des Dieux, vous aide-
» ront à conquerir les états de vos ayeux, & à en étendre
» les limites. » Seuthès fe leva, but comme les autres :
les inftrumens annoncérent le combat ; le Roi y répondit par des cris de guerre, & l'on marcha le lendemain
aux ennemis.

Les premiers jours furent fignalés par des fuccès qui
attirérent dans le parti de Seuthès quelques Odryfes.

(*i*) Herodote l. v. *in initio*, nous apprend que c'étoit-là une coutume des
Thraces.

(*k*) Seuthès les affura que dans cette guerre ils s'éloigneroient de la
mer tout au plus de fept journées. Ce
paffage, & celui qui fuit où il eft
queftion des Pariens, dont la ville
étoit fur l'Helleffont, qui alloient
faire un traité de paix avec Médocus
à qui ils portoient des préfens, montrent bien que les états de Médocus
étoient diftingués de ceux de Seuthès. Un officier de Seuthès détour-
ha les Pariens de leur deffein. Pour-
quoi, leur dit-il, faire des préfens à
Médocus qui eft éloigné de la mer
de douze journées ? Offrez-les plutôt à Seuthès qui fera bien-tôt maître des côtes de la mer, & qui en
qualité de voifin peut vous être d'un
grand fecours, ou devenir à votre
égard un ennemi redoutable : vous
ne balancerez pas fi vous écoutez vos
intérêts. Les Pariens fe rendirent aux
raifons de l'officier & l'ambaffade
tourna au profit de Seuthès.

Enfin le Roi aidé des Grecs qui furent pendant un mois à fon fervice, foumit les rebelles qui demandérent la paix, & offrirent des ôtages. Quelques jours auparavant ces mêmes rebelles étoient venus dans le camp de Xénophon, pour le prier de ménager auprès de Seuthès les conditions d'un traité, Xénophon leur promit de les fervir; mais ces barbares qui n'étoient venus que pour voir quelles étoient les forces des Grecs, tombérent de nuit fur les troupes de Xénophon, & les mirent en defordre. Lorfqu'il fut queftion de paix avec ces rebelles, Seuthès voulut marquer à Xénophon qu'il étoit encore indigné de leur trahifon ; il lui offrit de ne rien conclure avec eux, jufqu'à ce qu'il eut reçu la fatisfaction qu'il demanderoit. Xénophon répondit, que ces Thraces étoient affez punis de devenir efclaves, de libres qu'ils étoient auparavant. (*l*)

Ainfi finit cette guerre dont le fuccès étoit dû aux Grecs. Il ne reftoit plus qu'à les fatisfaire, & Seuthès y étoit extrêmement difpofé. Il s'en rapporra à un de fes miniftres qui s'acquitta mal de fes ordres, & qui rendit les Grecs très mécontens. Ils s'en plaignirent hautement, & dirent qu'ils ne fe retireroient pas qu'ils n'euffent reçu tout ce qui leur étoit dû. Xénophon déclama beaucoup contre ce miniftre, qui fouloit aux pieds les devoirs & les vertus pour affouvir fon avarice; mais ce n'eft pas la feule injuftice qu'il effuya. Il eut encore à fe défendre contre les accufations des autres généraux Grecs. Médofadès, un des lieutenans

---

(*l*) Diodore de Sicile l. 14. parle des victoires des Grecs fur quelques Thraces, mais il ne dit rien de Seuthès, & de tout ce qui fait la matiere du récit de Xénophon.

de Seuthès, lui reprocha auſſi que les troupes faiſoient du dégât dans les terres dont le commandement lui étoit confié. Xénophon ſe défendit ſi bien, qu'un ſeigneur de la cour de Médocus, roi des Odryſes, dit à Médoſadès, » Qu'il étoit également honteux, & indi-
» gné d'être témoin de ces fauſſes accuſations; qu'il ſe
» retiroit, & que le roi Médocus trouveroit bien mau-
» vais que l'on traitât de cette façon des Grecs, qui
» avoient rendu de ſi grands ſervices aux Thraces.

Médoſadès travailla cependant à éloigner les Grecs, qui ſouhaitoient également de ſe retirer & qui n'attendoient pour cela que d'avoir reçu l'argent qui leur étoit dû. Seuthès fit inutilement des promeſſes brillantes à Xénophon pour l'engager à reſter à ſon ſervice avec mille Grecs, & voyant qu'il ne pouvoit pas le gagner, il lui envoya ce qu'il avoit promis. Xénophon fut rejoindre les autres officiers Grecs & leur donna l'argent qu'il avoit reçu afin qu'il fût diſtribué, après quoi les Grecs quittérent la Thrace.

Seuthès reſta en poſſeſſion du pays qu'il avoit conquis, & la Thrace fut diviſée en deux royaumes; celui des Odryſes, & celui des villes maritimes. Ces deux peuples furent amis d'Athènes & de Lacédémone. Diodore de Sicile nous apprend que Thraſibule les engagea dans l'alliance des Athéniens : & à l'égard de Lacédémone, nous voyons dans Xénophon, que Seuthès fournit quelque ſecours à Dercyllidas général Lacédémonien, qui faiſoit la guerre dans la petite Aſie aux généraux du roi de Perſe. Xénophon dit que les troupes que Seuthès envoya à Dercyllidas étoient Odryſes, ce qui doit s'entendre des Odryſes limitrophes des

l. 14.
Hiſt. Græc.
l. 3. p. 284.
Ed. Steph.

états de Seuthès, & que fes fuccès avoient attirés dans fon parti, comme on l'a vû ci-devant.

J'ai abrégé le récit de Xénophon & je n'ai fait ufa-ge que des principaux faits qui regardent le roi de Thra-ce. Tout ce que dit Xénophon pour fa défenfe méri-teroit d'être rapporté ; mais comme cela n'eft pas ab-folument effentiel à l'hiftoire de Seuthès, je me fuis difpenfé de le traduire. J'ai auffi paffé fous filence des détails qui ne m'ont pas paru néceffaires : mais j'ai quel-que chofe à dire fur un paffage de cet ancien. En par- pag. 241. edit. Steph. lant d'un endroit au-deffus de Byzance où les Grecs pénétrèrent, Xénophon dit : αὐτη δ' ἰῶ οὐκετὶ ἀρχὴ Μνσάδου, ἀλλὰ Τήρου τῦ Οδρύσου ἀρχαίου τινός. Je crois que ce paffage a befoin de correction ; ou que c'eft une note marginale peu exacte qui a paffé dans le texte. Car il n'é-toit plus queftion alors du roi Mæfade, & encore moins de Térès fondateur du royaume des Odryfes. Le traducteur latin n'éclaircit rien en lifant Médofadès, comme dans l'édition grecque de Bâle, au lieu de Mæfade. Je penfe que quelque copifte voulant faire entendre au lecteur, que le lieu au-deffus de Byzance, où les Grecs paffé-rent, étoit du royaume des Odryfes, & n'étoit pas compris dans les villes maritimes qui obéiffoient à un autre prince, a mis en marge cette note. Il a voulu dire, que le pays où étoient les Grecs, ne faifoit pas partie des états de Mæfade pere de Seuthès ; mais qu'il appartenoit au royaume des Odryfes fondé ancienne-ment par Térès. L'auteur de cette note s'eft mal expli-qué, & un copifte peu inftruit l'a inférée dans le texte, telle qu'il l'a vue. Je ne trouve que ce moyen d'ex-pliquer ce paffage, qui fans doute n'eft pas fort tel qu'il eft aujourd'hui de la plume de Xénophon.

AMADOCUS.

Roi des Odryfes. *Vers l'an* 390. *avant J. C.*

AMADOCUS fuccéda à Médocus. On voit dans Xénophon que ce roi des Odryfes eut des démê-lés avec Seuthès qui commandoit aux villes maritimes de la Thrace ; & que Teleutias général Lacédémonien réconcilia ces deux princes & les rendit amis & alliés d'Athènes. Cela eft confirmé par Ariftote qui dit que Seuthès s'étoit élevé contre Amadocus. Après cet évé-nement, l'hiftoire ne parle plus d'Amadocus ni de Seu-thès : nous ne favons pas en quel tems le premier ceffa de regner ; mais Seuthès doit avoir été roi juf-qu'à l'an 380. av. J. C. puifque Cotys I. qui lui fuccé-da & qui mourut en la 106e Olymp. l'an 356. avant J. C. avoit régné 24 ans, fuivant Harpocration & Sui-das au mot *Cotys.*

l. 4. p. 316.

Politic. l. 5, c. 10.

TERES II.

Roi des Odryfes.

CEUX qui travaillent fur l'hiftoire ancienne ont fou-vent occafion de regretter les ouvrages de Théo-pompe que nous n'avons plus. Ce laborieux écrivain avoit fait plufieurs collections hiftoriques dans lefquel-les les rois de Thrace n'étoient pas oubliés, à ce qu'il paroît par les citations d'Athénée & d'Harpocration. Mais nous n'avons plus des extraits fuivis de ces écrits. Ce que Photius en a confervé n'eft pas propre à dimi-nuer nos regrets, & ne peut être regardé que comme une

Ath. l. 12. Harp. in vo. Amad.

une table imparfaite. Les ouvrages sur la Thrace composés par Callifthène & par Socrate, & cités dans les Paralleles attribués à Plutarque font également perdus.

Il n'eſt donc pas furprenant qu'il y ait dans l'hiſtoire de ces rois des vuides confidérables & que l'on foit quelquefois réduit aux conjectures. Mais quand on a une fois furmonté le dégoût qu'on trouve à s'appliquer à des recherches féches & épineufes, il ne reſte plus qu'à faire ufage des matériaux que le tems a épargnés.

Térès II. paroît avoir fuccédé à Amadocus dans le royaume des Odryfes. (m) Il eſt parlé de ce prince dans la lettre de Philippe aux Athéniens, que Démofthène nous a confervée. Quoique l'orateur grec ait rapporté bien des circonſtances de la vie des rois de Thrace de fon tems, il s'en faut bien qu'il ne laiffe rien à defirer ; il ne puifoit dans ces événemens que ce qui donnoit à fes preuves une vérité lumineufe.

Nous voyons dans cette lettre que les Athéniens toujours oppofés à Philippe, exigeoient que ce prince remît Térès & Cherfoblepte, rois de Thrace, en poffeffion de leurs états. Athènes appuyoit fa demande fur l'alliance qu'elle avoit avec ces rois. Il eſt vrai qu'ils avoient été peu fidèles à leurs devoirs, & qu'ayant fouvent quitté le parti des Athéniens, ils ne méritoient pas que ceuxci travaillaffent à les rétablir. Mais le prin-

(m) J'ai quelques doutes fur le tems du regne de Térès. Je le fais fuccéder à Amadocus, parce qu'après ce roi de Thrace je n'ai pas trouvé d'autre prince que Térès. Je conviens que s'il a été fucceffeur immédiat d'Amadocus, il faut que le regne de ce dernier ait été affez long & que Térès ait commencé bien-tôt le fien, puifque nous voyons que dans la 110ᵉ olymp. L'an 340 avant J. C. Les Athéniens écrivirent à Philippe en faveur de ce prince, ce qui donne environ 60 ans pour les deux regnes.

C

cipal objet d'Athènes étoit d'affoiblir la puiffance de Philippe, plutôt que de protéger des alliés dont elle avoit à fe plaindre. Philippe répondit aux Athéniens, qu'à la conduite des rois de Thrace, il ne les avoit pas reconnus pour des alliés d'Athènes ; & que Térès même avoit marché fous fes ordres contre les Athéniens. Il ajoûta bien des chofes qui tendoient à une déclaration de guerre, à laquelle Athènes fe prépara, après la harangue que Démofthène oppofa à la lettre de Philippe.

C'eft le feul endroit de l'hiftoire où il eft parlé de Térès roi de Thrace du tems de Philippe. Il y a apparence qu'il avoit fuccédé à Amadocus : nous ne favons pas fi c'étoit fon fils ; mais il eft certain qu'il n'étoit pas fils de Sitalcès, comme le dit une note de M. Olivier dans fa *Tom. 2. p.* vie de Philippe : Sitalcès étoit plus ancien de près d'un *263.* fiécle.

COTYS I.

Roi des villes maritimes de la Thrace. *L'an* 380. *av. J. C.*

In voce Cot. APRÈS Seuthès II. nous trouvons Cotys I. roi des
Diod. l. 16. villes maritimes de la Thrace. Harpocration &
Luchefini in Suidas nous apprennent qu'il regna 24 ans, & comme
Demoft. p. 308. on a lieu de croire qu'il mourut vers la 106e. Olymp. l'an 356. av. J. C. fon regne doit avoir commencé l'an 380. av. J. C.

Efchin. con- Cotys I. n'eft connu que par fes vices. On voit dans
tra Ctefiph. Efchine, Démofthène & Athénée que fon regne fut un mêlange de diffimulation, d'ingratitude & d'emporte-ment. Il rechercha d'abord l'alliance d'Athènes qui lui

étoit néceſſaire pour arrêter les mouvemens de quelques rebelles , & il donna ſa fille à Iphicrate fameux général Athénien. Athénée nous a conſervé la deſcription du repas ridiculement pompeux que Cotys donna dans cette occaſion. Ce Prince ſervoit lui même les plats , & il ſe livra le premier aux excès du vin ; ou pour me ſervir des termes d'Athénée, il s'enyvra avant tous les au- tres. Iphicrate eut de ce mariage un fils appellé Mé- neſthée. (*n*)

Démoſth. pro Ctes. p. (5) a- tia rabrer. Athe. l. 4. l. 1 &.

Corn. Nep. in Iphicr.

Cependant un Thrace nommé Miltocyte ſe révolta contre Cotys. Ce Prince écrivit à Athènes pour lui de- mander du ſecours ; il l'obtint, & ſecondé des Athé- niens, il remit le calme dans ſes états & en devint maître ſouverain. Athènes lui décerna la couronne d'or, & le déclara citoyen ; ſoit qu'il ſe crut comparable aux Athé- niens, ou qu'il voulut faire entendre qu'il ne faiſoit pas un ſi grand cas de leur affiliation, il répondit qu'il dé- clareroit les Athéniens citoyens de Thrace. Enfin ſes ſuccès l'éblouirent au point de s'emparer de quelques villes qui étoient de la dépendance d'Athènes : d'allié , il devint ennemi des Athéniens. Iphicrate n'écouta que les liens du ſang : ſourd à la voix de la patrie qui l'avoit comblé d'honneur & qui lui avoit élevé une ſtatue, il reſta fidele à ſon beaupere, marcha contre les généraux Athéniens , & préféra le ſalut de Cotys aux bienfaits d'Athènes. Cette ville uſa de modération & diſſimula la peine que lui cauſa la conduite d'Iphicrate. Cotys échap- pé au danger qui le menaçoit, ne travailla pas à juſti-

Démoſthen. contra Ariſt. Val. Max. l. 3. c. 7.

Dém. Ibid.

(*n*) Dans quelques exemplaires de Corn. Nepos on lit, *Seuthen ſocium Athenienſium*, &c. c'eſt une faute : Il faut *Cotyn* , &c. comme on voit dans d'autres éditions.

fier fon gendre auprès des Ahéniens ; mais il leur fit de
nouveau la guerre & leur enleva une partie des places
qu'ils poffédoient dans la Cherfonèfe. Iphicrate ne voulut jamais confentir à le feconder dans cette entreprife,
& ce refus lui attira de la part de Cotys un traitement
qui l'obligea à fe retirer dans une ville de Thrace, n'o-
fant ni fe préfenter à Athènes, ni refter à la cour du Roi
qui l'avoit cruellement abandonné.

On croit que c'eft de Cotys I. qu'a voulut parler Plutarque lorfqu'il dit qu'un prince de ce nom, qui s'aban-
donnoit facilement à la colere, après avoir fait payer
noblement des vafes magnifiques, mais fragiles, qu'on
lui préfenta, les fit brifer, afin qu'il n'eût pas occafion de
s'emporter & de punir les ferviteurs qui auroient le malheur de les caffer. Si ce trait appartient véritablement à
Cotys I. il eft effacé par une infinité d'autres tout contraires. Ce prince s'abandonna bientôt à fon naturel,
& après avoir donné plufieurs exemples d'ingratitude ou
de cruauté, il finit par les plus grands égaremens. Il faifoit en été fon féjour dans des forêts que de belles eaux
rendoient extrémement agréables : il s'y livroit à toute
forte de voluptés. Cette vie fenfuelle le remplit d'idées
folles & troubla fa raifon : Il s'imagina qu'il étoit digne
de devenir l'époux de Minerve. Il ordonna un grand repas, fit préparer un lit nuptial, & tandis qu'il buvoit
abondamment, il envoya un de fes gardes pour favoir
fi la Déeffe étoit arrivée. Le garde lui répondit qu'il n'a-
voit vu perfonne : il lui en coûta la vie. Un fecond eut
le même fort. Enfin le troifiéme conferva fes jours, en
difant au Roi que la Déeffe l'attendoit depuis longtems.
Le vin que Cotys avoit bu ne lui permit pas apparem-

Bayle dict.
Apoph. p.303.

Theopom.
ap. Athe. l. 12.

ment de quitter fa place & de pouffer plus loin l'extra-
vagance. (o)

Ce prince joignit à toutes fes folies une cruauté féroce.
Des foupçons jaloux lui firent déchirer fa femme de fes
propres mains. Il s'étoit livré à toute forte de vices,
comme on voit par un trait de fes déréglemens qu'A-
riftote nous a confervé. Il dit qu'Adamas Thrace de diftinction avoit été dans fa jeuneffe fingulierement mal-
traité par Cotys. διὰ τὸ ἐκτμηθῆναι παῖς ὢν ὑπ᾽ αὐτῦ ὡς
ὑβεισμένος. Dans un âge plus avancé, Adamas indigné des
traitemens qu'il avoit reçus, fe révolta contre Cotys.

Nous ne favons ni le fujet ni la date d'une lettre que
Cotys écrivit à Philippe. Ils avoient d'abord été bons
amis : ou du moins lorfque Philippe voulut monter fur
le trône de Macédoine, Cotys qui d'abord n'avoit
pas embraffé fon parti, fut gagné à force d'argent. S'é-
tant enfuite ligué avec d'autres rois, Philippe qui l'avoit
déja battu dans plufieurs occafions, dit Diodore, marcha contre lui & le défit, avec d'autant plus de facilité
fans doute que les Thraces étoient fatigués du gouvernement de Cotys qui les traitoit avec beaucoup de rigueur. Un ami de ce Prince lui repréfentoit que c'étoit
plutôt commander en furieux, que gouverner en Roi :

Athén'e.
Hist facra.
Suid.s.

Poli. l. 5.
c. 10.

Athe. l. 6.

l. 15.

(o) Il y a des favans (*Maffon hift.*
crit. t. 4. p. 260. Girald. de diis gen-
tium. Potteri. Archæ. t. 1. p. 428.)
qui ont cru que la déeffe Cotytto,
dont la fête fe célébroit à Athènes par
des débauches exceffives, tiroit fon
nom de Cotys. Mais il y a apparence
que cette divinité étoit connue avant
ce roi. Il eft vrai que le culte de Cotytto avoit paffé de Thrace à Athènes, mais il ne s'enfuit pas qu'il dût
fon origine à Cotys ; la mémoire de

ce prince étoit trop odieufe aux
Thraces pour qu'ils euffent voulu la
perpétuer par des fêtes établies fous
fon nom. On pourroit avec plus de
vraifemblance rapporter l'inftitution
des fêtes de la déeffe Cotytto, à un
Cotys d'une antiquité plus reculée.
Conftantin Porphyrogenete (*Them.*
tert. parle d'un roi de Thrace de ce
nom qui vivoit plus de 600 ans
avant J. C.

Stobéc. Edit
de Zurich. p.
529.

Demoft.cont.
Arifto.
Arifto. Poli.
l. 5. c. 10.

Plutar. de
civi. inft.

c'eſt pourtant cette fureur, répondit follement Cotys , *qui a ſoumis mes ſujets & qui les retient dans l'obéiſſance*. Ses cruautés & ſes impiétés pouſſérent enfin Python & Héraclide (p) , dont il avoit fait mourir le pere, à l'aſſaſſiner ; ce fut dans la 106e Olymp. Les Athéniens donnérent de grands éloges à leur courage : Python leur fit dire que cette punition étoit l'ouvrage des Dieux dont il n'avoit été que le miniſtre. Cependant Athènes les regarda comme des bienfaiteurs, les déclara citoyens & leur décerna la couronne d'or.

CHERSOBLEPTE.

Roi des villes maritimes de la Thrace. *L'an 356. av. J. C.*

Démoſth.]]
Ibid.

CHERSOBLEPTE étoit aſſez jeune lorſque Cotys ſon pere fut tué (q) Charidème avoit le commandement des troupes & gouvernoit ſous ſon nom. Les Thraces peu contens de ce miniſtère , ſe révoltérent & ſe donnérent pour chefs Bériſadès & Amadocus. Ce dernier arrêta les progrès de Philippe qui avoit des intelligences avec Charidème. Bériſadès & Amadocus fu-

---

(p) Dans Ariſtote il y a *πίεμ δὲ ἢ Ηρακλείδης*, il faut lire Πύθων δὲ &c.

(q) Démoſthène (*Ib. p.* 452.) dit que Cherſoblepte étoit jeune , *μειρακύλλιος*, à la mort de ſon pere. Cependant dans cette même harangue prononcée peu d'années après cette mort , il nous apprend que Charidème étoit allié de Cherſoblepte , de la même façon qu'Iphicrate l'avoit été de Cotys , c'eſt-à-dire que Charidème étoit gendre de Cherſoblepte. Nous voyons auſſi dans la harangue

d'Eſchine (*de falſ. leg.*) que quelques années après , Cherſoblepte avoit donné un fils en ôtage à Philippe. Il n'y a pas aſſez de tems de la mort de Cotys aux harangues d'Eſchine & de Démoſthène pour que Cherſoblepte ſoit parvenu d'un âge tendre à celui où l'on a un fils à donner en ôtage , & ſurtout une fille à marier. Ainſi je penſe qu'à la mort de Cotys , Cherſoblepte n'étoit pas ſi jeune & même qu'il étoit marié.

rent foutenus & favorifés par les Athéniens irrités contre Charidème , qui avoit livré Miltocythe , ami d'Athènes , aux Cardiens fes ennemis, qui le firent mourir. Cherfoblepte craignant les fuites de cette révolte , fut forcé de figner un traité par lequel il confentoit que fes états fuffent divifés entre Bérifadès,Amadocus & lui : il livroit en même tems la Cherfonèfe aux Athéniens. (r) C'eft dans ces circonftances que faifant valoir quelques fervices que Charidème avoit rendus aux Athéniens ; il obtint le décrèt par lequel Charidème étoit déclaré citoyen d'Athènes : décrèt contre lequel Démofthène écrivit la harangue qui nous fournit prefque toutes les lumiéres que nous avons fur les rois de Thrace de ce temslà.

La 4 année de la 106. Oly.

Lorfque Cherfoblepte eut obtenu tout ce qu'il demandoit ; lorfque les troupes d'Athènes furent éloignées & que le danger lui parut diminué , il refufa, par le confeil de Charidème , de remplir les conditions du traité. La guerre recommença. Athènes nomma des généraux pour marcher au fecours d'Amadocus & des fils de Bérifadès qui étoit mort. Cherfoblepte réfifta à toutes ces forces réunies. D'ailleurs les Athéniens avoient à fe préparer contre un ennemi plus dangereux dans la perfonne de Philippe. Ces circonftances furent favorables à Cherfoblepte qui refta enfin feul maître des villes maritimes de la Thrace. On vit alors que Démofthène ne s'étoit point trompé , lorfqu'en s'élevant con-

Demos. th. Ib. Liban. Apol. Demoft.

(r) La Cherfonèfe de Thrace étoit expofée à de fréquentes invafions & reftoit libre ou dépendante , felon la volonté des plus forts & de ceux qui la délivroient des oppreffeurs. On peut voir les diverfes fortunes de la Cherfonèfe dans M. de Tourreil, & dans Luchefini fur la harangue de Démofthène *de la Cherfonefe.*

tre le decrèt qui rendoit Charidème citoyen d'Athènes, il avoit dit, que ce decrèt tendoit adroitement à
faire reconnoître Cherfoblepte pour feul roi de Thrace:
que ceux qu'Athènes avoit nommés pour donner du
fecours aux fils de Bérifadès & à Amadocus., n'ofe-
roient pas agir contre Charidème devenu comme eux
citoyen d'Athènes ; & que ce dernier ne trouvant aucune réfiftance, exécuteroit le deffein qu'il avoit de
détruire le parti de Bérifadès & d'Amadocus, & de fortifier celui de Cherfoblepte, qui devenoit parlà plus
propre à nuire aux Athéniens.

Cherfoblepte fut moins heureux dans les guerres qu'il
eut à foutenir contre Philippe. La Thrace confinoit à
la Macédoine : ce voifinage étoit une occafion toujours
prochaine de rupture. Philippe étoit d'ailleurs fort in-
téreffé à étendre fes frontières de ce côté là ; il fe difpofa
donc à marcher contre le roi de Thrace. Cherfoblepte
Demoft. Ibid. étoit alors allié des Athéniens. quelques années aupa-
Diod. l. 16. ravant il leur avoit remis la Cherfonèfe, à l'exception
de la ville de Cardie qui étoit pour lui un lieu de ref-
fource. Il réunit toutes fes forces pour réfifter au roi
de Macédoine ; mais elles furent infuffifantes. Philippe
le battit, & reçut fon fils en ôtage au commencement
de la 109e Olympiade. Quelques années après Efchine
vit ce fils à la cour de Macédoine, lorfqu'il s'y ren-
De faif. leg. dit avec les autres ambaffadeurs d'Athènes pour traiter de paix avec Philippe. Ce prince choifit trois envoyés qui fe joignirent aux ambaffadeurs, & ils furent
tous enfemble à Athènes pour conclure la paix. Cherfoblepte qui s'étoit de nouveau brouillé avec Philippe,
& qui favoit que ce prince fe difpofoit à marcher contre

tre lui, avoit envoyé à Athènes pour demander d'être
admis dans ce traité ; mais Démofthène qui n'étoit pas
de fes amis, fit enforte qu'il ne fut pas queſtion de lui : *Ibid.*
C'eſt pourquoi Efchine l'accufe d'être la caufe de la
défaite de ce prince. En effet Philippe pouſſa fes conquêtes dans la Thrace, affiégea Cherfoblepte dans une
ville appellée le mont facré, l'obligea de fe rendre, &
ne lui accorda la paix qu'à des conditions très dures.
Il fit bâtir en plufieurs lieux des forts pour contenir les
Thraces, & Cherfoblepte fut foumis à lui payer un tribut de la dixiéme partie de fes revenus. Diodore de
Sicile range ces événemens fous la deuxiéme année de *l. 16.*
la 109e. Olympiade.

Harpocration dit qu'Amadocus fe joignit à Philippe
dans cette guerre contre Cherfoblepte. On a vu qu'il *In voce Ama.*
avoit été dépouillé d'une partie de la Thrace ; c'eſt ce
qui le porta à offrir fon fecours à Philippe. Ce font ap- *Philippica,*
paremment ces victoires du roi de Macédoine, qui ont *3 olyn b.*
fait dire à Ifocrate & à Démoſthène que Philippe avoit
fait les rois de Thrace qu'il avoit voulus. Il femble que
ces orateurs fe font écartés de la vérité. Philippe
battit les rois de Thrace, il les rendit tributaires,
mais il ne les dépoſſéda pas, & n'en créa pas de nouveaux.

Dans cette même Philippique, Ifocrate parle de Mé- *In initio.*
docus, ou Amadocus, envers qui les Athéniens devoient ufer de ménagement à caufe des citoyens qu'ils
avoient dans la Cherfonèfe. Ifocrate donne à ce Thrace
l'épithète de Παλαιός, *ancien,* Μηδόχω τᾶ Παλαιᾷ. Je n'en
comprens pas la raifon. L'expreſſion feroit peu correcte
fi Ifocrate avoit voulu dire qu'Amadocus avoit été au-

D

paravant roi de Thrace. Si ce n'eſt pas une faute de copiſte , c'eſt une énigme pour moi. (ſ)

Au commen-
cement de la
110ᵉ Olymp.

Les Athéniens virent avec peine les conquêtes de
Philippe dans la Thrace : Ils lui écrivirent la lettre dont
j'ai parlé ſous Térès II. pour lui demander de rétablir
les rois de Thrace & les affranchir du tribut qu'il leur
avoit impoſé. Mais cette lettre ne produiſit aucun effet ;
les princes reſtérent ſoumis & tributaires. Ce que dit
Juſtin de deux rois Thraces , que Philippe dépouilla
de leurs états , doit s'entendre de Térès & de Cherſoblepte. Je ne vois pas que ce paſſage peu exaᔆ de
Juſtin , puiſſe convenir à d'autres rois Thraces. (t)

l. 4. c. 3.

(ſ) Il ſe peut qu'Iſocrate ait voulu parler d'Amadocus le pere , car
Harpocration (in voce Amad.) dit que
Théopompe avoit fait mention du pere & du fils qui portoient le même
nom. Il y a grande apparence que
c'eſt ainſi qu'il faut entendre le παλαιῷ
d'Iſocrate il y a dans les auteurs des
paſſages où le mot παλαιὸς eſt employé
qui favoriſent cette explication.

(t) Paul Oroſe (l 3. c. 12.) qui
a copié Juſtin , & qui n'eſt pas plus
exaᔆ que lui , ne nomme pas les rois
de Thrace que Philippe battit ; Cependant M. Olivier (vie de Philippe t.
1. p. 167.) dit que Philippe dépouilla
Derdas & Machetas princes de Thrace
qui l'avoient fait juges de leurs différends ; il cite Paul Oroſe pour garant.
Tout cela manque de juſteſſe. Les
deux princes dont il s'agit , qui ne
ſont nommés ni dans Juſtin ni dans
Oroſe , ſont Cherſoblepte & Térès.
Quant à Derdas & Machetas , Athenée qui en parle , (l. 13) ne dit
point qu'ils fuſſent rois de Thrace ;
il nous apprend ſeulement qu'ils
avoient une ſœur que Philippe épouſa , ou qui fut une de ſes maitreſſes :
mais tout de ſuite il fait mention d'un

Cithelas roi de Thrace , dont je n'ai
trouvé le nom nulle autre part dans
les anciens ; & qui n'étoit apparemment qu'un Thrace diſtingué ; ou
quelque chef des villes Thraces libres , ou Autonomes.

Il y auroit un autre roi de Thrace
à placer ſous le regne de Philippe ,
ſi on ſuivoit à la lettre un paſſage de
Tite-Live. A l'occaſion du traité des
Ætoliens avec les Romains , il dit
(l. 26. c. 24.) qu'Attalus, Pleuratus &
Scerdilatus , le premier roi de Pergame , le deuxiéme roi de Thrace & le
troiſiéme roi d'Illyrie , étoient libres
d'en accepter les conditions. Mais je
ne doute pas que la parenthèſe qu'on
voit dans cet endroit de Tite-Live ,
(Aſiæ Attalus , hi Thracum & Illy-
riorum reges) ne ſoit d'une main é-
trangere , ou qu'elle n'ait paſſé de la
marge dans le texte. Il eſt facile de
conclure par pluſieurs paſſages de Polybe , (l. 2. l. 4. l. 10. leg. 9. 22.)
que Scerdilatus & Pleuratus étoient
des chefs ou des généraux Illyriens.
Tite-Live en fournit lui-même une
preuve , lorſqu'il dit , (l. 27. c. 30.)
qu'entr'autres conditions pour finir la
guerre , il falloit reſtituer à Scerdi-

Comme Philippe acheva la conquête de la Thrace & devint toujours plus puiſſant, il n'y a pas apparence que Cherſoblepte ſe ſoit affranchi de la dépendance des Macédoniens, ſous ce prince, ou ſous Alexandre le grand, ſon fils qui ſoumettoit tout ce qui lui réſiſtoit. Quoiqu'il en ſoit, il n'eſt plus parlé de Cherſoblepte. Ce n'eſt qu'après les invaſions des Gaulois qu'on trouve d'autres rois Sapéens, ou des princes des villes maritimes de la Thrace. Sous Alexandre il n'eſt fait mention d'aucun roi de cette partie de la Thrace; & lors du partage des provinces, après ſa mort, Lyſimaque eut avec la Thrace, les villes maritimes juſqu'au Pont Euxin.

Libanius.

Diod. l. 1.

S E U T H E S I I I. Roi des Òdryſes.
Vers l'an 325 avant J. C.

SEUTHES III eſt connu par la guerre que lui fit Lyſimaque qui le dépouilla de ſes états. Il avoit ſuccédé à Térès II. que nous avons vû tributaire de Philippe. Sous ce prince & ſous ſon fils Alexandre, le roi de Thrace gouvernoit ſon royaume avec l'agrément des rois de Macédoine, & leur payoit un tribut. Philippe & Alexandre, après avoir fixé les limites de

Strabo. ex-cerpta. l. 7.

latus & à Pleuratus les Ardyens; or les Ardyens étoient un peuple d'Illyrie. Il n'eſt pas douteux que Scerdilatus & Pleuratus ſont ici nommés comme chefs ou ſouverains des Illyriens. Pleuratus eſt encore quatre fois dans le trente-uniéme livre de Tite-Live, aux chapitres 28. 34. 38. 40. dans ce dernier endroit on lit *Dardanorumque & Pleurati cum Illyriis tranſitum in Macedoniam,* ce qui ne laiſſe

aucun doute. M. Rollin (*Hiſt. Rom. t. 5. p. 564.*) a cru que Pleuratus étoit roi de Thrace. Mais un écrivain d'une hiſtoire générale ne doit pas couper ſa narration par des recherches & des diſſertations ; il peut remplir ſa carriere avec diſtinction ſans entrer dans des diſcuſſions peu eſſentielles. Ce Pleuratus eſt ſans contredit ce roi des Illyriens appellé Pleurias dans Diodore de Sicile p. 481.

la Thrace, fe contentérent de cette efpèce d'hommage parce qu'ils étoient déja très puiffans, & qu'ils por_toient leur vûe plus loin. Cependant ils avoient dans la Thrace des troupes & un lieutenant ; foit pour retirer le tribut auquel ce royaume étoit foumis, foit pour contenir les peuples difpofés à s'en affranchir. Ale-

xandre fit Zopyrion fon lieutenant dans la Thrace, quand il partit pour la Perfe. Mais lorfqu'à la mort de ce conquérant, la Thrace, qui fut regardée comme une province de Macédoine, dont Seuthès n'étoit que le gouverneur, échut à Lyfimaque, ce prince voulut être

reconnu roi de Thrace. Il commença par faire la guerre à Seuthès, avec d'autant plus de raifon, que ce roi s'étoit révolté. Les Thraces avoient vingt mille hom-

mes d'infanterie & huit mille chevaux. Lyfimaque avec des troupes fort inférieures en nombre, ne refufa pas le combat dans lequel Seuthès perdit bien des foldats. Cependant le·fuccès refta douteux & cette bataille ne fut pas décifive. (*u*) Lyfimaque & Seuthès fe féparerent, bien réfolus d'en revenir aux mains. Enfin Seuthès fut obligé de céder : il fe réfugia & chercha de l'appui auprès d'Antigone qui étoit en guerre avec Lyfimaque.

Nous n'avons pas de médailles des rois de Thrace précédens, foit qu'ils ne fuffent pas dans l'ufage d'en faire frapper fous leur nom ; ou qu'elles ne foient pas venues jufqu'à nous. Celle de Seuthès dont je donne

---

(*u*)Photius,(ext.92.)d'après un ouvrage d Arrien que nous n'avons plus,dit que Lyfimaque fut tué dans ce combat ; mais comme cela n'eft point conforme à la vérité ; on a cru que

Photius, ou Arrien, avoit voulu dire que Lyfimaque avoit été défait quoique le terme qu'il employe fignifie plutôt la mort que la défaite.

ici le deffein, (pl. I. n°. I.) eft la plus ancienne que
nous connoiffons ; elle eft au cabinet du Roi. Seguin
la publiée. Spanheim la cite après lui & l'attribue à
Seuthès III. A dire la vérité on n'a pas affez de piéces
ces de comparaifon pour décider que ce foit Seuthès
III. plutôt que quelqu'un des princes de ce nom
qui ont précédé : mais comme avant Philippe &
Alexandre, il n'étoit pas bien commun de voir la tête
des princes fur les monnoyes, & que cet ufage doit
naturellement avoir commencé plutôt dans des royaumes
mes puiffans ou fameux , que chez des nations barbares
res ou d'une étendue bornée , ce fut fans doute à l'exemple
xemple de Philippe & d'Alexandre que les princes qui
les ont fuivis firent frapper des monnoyes fur lefquelles
les ils étoient repréfentés. Il eft vrai que nous avons
les têtes de quelques rois fur des médailles frappées
avant Philippe & Alexandre ; mais on fait que cela
n'eft devenu commun qu'après eux : ainfi il y a grande
apparence que Seuthès III. eft le premier des rois de
Thrace dont on a mis la tête fur les monnoyes. Il eft
à obferver qu'il n'y a aucune époque fur cette médaille.
Spanheim parle d'une autre médaille d'argent de Seuthès
thès. Mais comme il ne l'a pas vûe lui-même , il n'eft
pas furprenant qu'il fe foit trompé. Cette médaille fur
laquelle on lit ΚΥΜΑΙΩΝ ΣΕΥΘΗΣ eft de la ville de
Cumes dans l'Eolide. *Seuthès* eft le nom du magiftrat : on
a d'autres médailles de cette ville avec le nom des magiftrats
giftrats, *Diodorus*, *Python* &c. Le mot ΚΥΜΑΙΩΝ qu'on
voit fur cette médaille devoit arrêter M. Spanheim : il
n'y a point de ville de ce nom en Thrace.

Seleɛ̌. Num.
p. 18.
Differtat. 8.
p. 493.

Ibid.

Muf. Theup.
p. 1261.

LYSIMAQUE.

Roi de Thrace. *L'an 322 avant J. C.*

Juſtin l. 15.

Pauſanias.
Attica.

Ibid.

LEs victoires que Lyſimaque remporta ſur Seuthès, le rendirent maître de la Thrace. Un lieutenant d'Alexandre devoit naturellement être un conquérant. Lyſimaque né à Pella fameuſe ville de Macédoine, joignit à la force du corps beaucoup de grandeur d'ame & un génie ſupérieur, orné des préceptes
de la Philoſophie. Il avoit pris des leçons de Calliſ-
thène qu'Alexandre traita cruellement, & à qui Lyſimaque procura les moyens de finir ſes maux. Alexandre en fut irrité & le fit expoſer à un lion furieux pour
en être dévoré. Lyſimaque préſenta ſa main armée au
lion & lui arracha la langue & la vie. Alexandre ſaiſi
d'admiration lui donna ſon amitié, & Lyſimaque ou-
blia l'injure qu'il avoit reçue.

Après la mort d'Alexandre il eut la Thrace pour ſon
partage, comme celui des ſucceſſeurs de ce prince qui
étoit le plus capable de dompter une nation auſſi féroce que les Thraces. Les rois de Syrie, d'Egypte &
de Macédoine recherchérent ſon alliance. Antigone
qui commandoit en Aſie, tenta vainement de l'attirer
dans ſon parti & de le détacher des intérêts du roi de
Syrie. Lyſimaque reſta fidèle à Séléucus & s'engagea
par là dans des guerres continuelles avec Antigone.

Quoique Lyſimaque eût été reconnu roi de Thrace,
tous les peuples de la Thrace ne lui étoient pas ſoumis.
Pluſieurs villes ſe révoltérent : Lyſimaque marcha con-

tre les rebelles & les battit. Il fit le siége de la ville *Diod. l. 19.*
des Callantiens (ou plutôt Callatiens comme on lit sur
les médailles de cette ville :) Là il apprit qu'Antigone
envoyoit contre lui par mer & par terre. Il laissa des *La 4.e année*
de la 116.e Ol-
troupes pour continuer le siége, & prenant la meilleure *ymp.*
partie de ses forces, il vint à la rencontre des ennemis.
Au passage du mont Hæmus, il trouva Seuthès qu'il
avoit chassé du royaume de Thrace, qui s'étoit joint
aux généraux d'Antigone avec une armée considérable ;
ils gardoient les passages de la montagne. Lysimaque
prit si bien son temps pour les combattre, qu'il les repoussa, les força dans leurs retranchemens & tua Pau- *Diod. Ibid.*
sanias un des deux généraux. Il fit grand nombre de pri-
sonniers, dont une partie acheta sa liberté, & l'autre
se rangea sous ses étendarts.

Ces avantages, & un traité de paix qu'il fit avec Antigone, conjointement avec ses alliés les rois de Macédoine & d'Egypte, lui donnérent le tems de bâtir *La 4.e année*
de la 117.e Ol-
dans la Cherfonèse, à la place de Cardie qui lui avoit *ymp.*
Diodo. l. 20.
résisté, & qu'il avoit détruit, une ville à laquelle il
donna son nom & qui fut appellée Lysimachie.

Mais bientôt la guerre recommença. Antigone, qui
sous prétexte de rendre la liberté aux villes grecques,
ne cherchoit qu'à satisfaire son ambition démesurée,
faisoit des progrès qui allarmoient les autres rois. Cassandre qui regnoit en Macédoine, craignoit pour ses
états. Il envoya des ambassadeurs à Antigone pour *Diod. Ibid.*
l'engager à faire avec lui une paix particuliére. Antigone répondit qu'il ne faisoit la paix qu'aux conditions
que Cassandre le rendroit maître de ses intérêts. Frap-
pé de la hauteur de cette réponse, le roi de Macédoi-

ne fit dire à Lyfimaque de venir le joindre pour conféré-
rer fur le malheur qui les menaçoit l'un & l'autre ; car
Caffandre , ajoûte Diodore de Sicile , ne manquoit pas
dans des circonftances fâcheufes , d'appeller à fon fecours Lyfimaque dont il connoiffoit la valeur , & qui
étoit le prince le plus voifin de la Macédoine. Ils firent
part de leur fituation au roi d'Egypte & au roi de Syrie ,
& fe déterminérent en même tems à prévenir Antigone.
Lyfimaque paffa en Afie où il détacha quelques villes
du parti d'Antigone : Il gagna Docime qui commandoit
en Phrygie , & fe rendit maître par là de Synnade & de
quelques places où il y avoit des fommes confidérables.
Antigone quitta une fête qu'il faifoit célébrer à Anti-
gonie , pour s'oppofer aux progrès de Lyfimaque. Les
Thraces fuïrent devant lui & vinrent fe cantoner à Do-
rylée dans la Phrygie. Antigone les fuivit & fit le fiége de la ville. Lyfimaque voyant qu'il ne pouvoit pas
tenir contre les affiégeans , profita d'une nuit fort obf-
cure pour fe fauver dans des lieux où la faifon empê-
cha Antigone de le pourfuivre.

La 3e. année de la 119e. Ol-ymp.

Cependant les troupes que les rois d'Egypte & de
Syrie conduifoient contre Antigone , s'approchérent
des rois de Macédoine & de Thrace , & s'étant tous
réunis dans la Phrygie , ils livrérent un combat où Antigone fut tué la quatriéme année de la 119e. Olympiade , l'an 301. avant J. C.

Après la mort de ce prince , les rois confédérés eurent des différends fur le partage de fes états. Lyfimaque augmenta fon royaume de quelques provinces qui
étoient à fa bienféance. C'eft à ce tems fans doute qu'il
faut rapporter la fondation ou les embelliffemens des
villes

villes & des temples en Afie que Strabon attribue à Lyfimaque. Ainfi commençoit à s'accomplir le préfage
qu'on avoit tiré de la grandeur de ce prince, lorfqu'A-
lexandre détacha fon diadème pour étancher le fang
d'une bleffure qu'il avoit faite à Lyfimaque (x).

Dans ce tems là mourut Caffandre roi de Macédoine. Sa mort fut fuivie de divifions & de meurtres. Un
de fes fils appella à fon fecours Démétrius, fils d'Antigone, qui ne perdit pas cette occafion de devenir roi
de Macédoine. C'étoit un voifin dangereux pour la
Thrace. Lyfimaque tenta vainement, par des lettres
fuppofées d'éloigner Démétrius de la Macédoine ; il fe
trouva dans la néceffité de vivre en paix avec ce nouveau roi, parce qu'il étoit alors occupé d'une autre
guerre & qu'il fallut marcher contre les Thraces fitués
fur le Danube.

Juftin.
Plutarc.

Le royaume de Lyfimaque ne renfermoit pas tous
les peuples de Thrace : il ne contenoit que les villes maritimes, & ce qui étoit entre la mer, le mont Hæmus
& le Danube. Mais au delà de ce fleuve, il y avoit des
rois particuliers qui paroiffent quelquefois dans l'hiftoire. (y)

Dromichæte étoit alors fouverain de ces cantons dans
le pays des Gètes (z) Ce peuple étoit anciennement

(x) Appien Alex. (*in Syri.*) rap
porte le même trait d'hiftoire au
fujet de Séléucus.

(y) Tel eft Syrmus roi des Triballes, ou des Thraces au delà du
mont Hæmus, contre lequel Alexandre marcha & qu'il battit à l'embouchure du Danube. (*Strabo l.* 7.
p. 301. *Arrian. l.* 1. *Plutarc. in Alex.*)
Diodore l. 10. parle auffi d'un roi de
Thrace appellé Ariopharne, qui
fournit des troupes confiderables à

un roi de Bofphore Cimmérien vers
l'an 310. avant J. C. & qui étoit
peut être le prédéceffeur de Dromichæte.

(z) Dans Juftin *l.* 16. il y a Do-
ricète, au lieu de Dromichæte. Suidas, au mot ἀνδρειαν, dit qu'il
étoit roi des Odryfes : mais c'eft une
faute. Cafaubon qui a mis cet article
de Suidas au nombre des fragmens de
Polybe (*pag. m.* 1522) l'a copié tel
qu'il eft dans Suidas.

E

compris dans la dénomination générale de Thraces ;
c'eſt ce qui fait que les auteurs appellent indifféremment Dromichæte roi des Thraces ou roi des Gètes. On
ne ſait pas ſi Lyſimaque voulut étendre ſes frontiéres
de ce côté là ; ou ſi ce fut Dromichæte qui commit des
hoſtilités. A en juger par le récit de Diodore, Lyſimaque avoit été l'aggreſſeur. Quoiqu'il en ſoit, les hiſtoriens nous ont appris que les différens de ces deux rois
ſe terminérent d'une façon qui fait honneur à la clémen-
ce de Dromichæte. Lyſimaque fut battu. Plutarqne dit
qu'il fut fait priſonnier. (*&*) Pauſanias écrit que ce fut
le fils de Lyſimaque qui fut pris par les Gètes. Diodore
aſſure que le pere & le fils furent également priſonniers.
Ce qu'il y a de certain, c'eſt que Lyſimaque n'eut pas à ſe
plaindre de ſon vainqueur qui le traita avec douceur &
avec diſtinction. Il arrêta la multitude des Gètes qui
vouloient le faire périr : Il fit chercher les officiers captifs, les emmena à Lyſimaque, & donna enſuite un magnifique repas, où ſe trouvérent les plus conſidérables
des Gètes, & dans lequel tous les honneurs furent
pour Lyſimaque & pour ſa ſuite. Exemple bien ſingu-
lier de modération dans nn peuple accuſé de férocité
par tous les anciens.

Après un ſi généreux traitement, Dromichæte montra la médiocrité de ſes richeſſes à Lyſimaque. (*a*) Il

Extrait l. 21.

*In Demetrio.
Attica.*

(*&*) Dans ſes apophtegmes (*p. m.*
321.) il dit que Lyſimaque fut obligé
de ſe rendre à Dromichæte, parce
que l'eau manqua à ſes troupes, & il
lui fait faire cette exclamation.
*Dieux ! faut-il que le plaiſir d'étancher
ma ſoif m'ait fait deſcendre de la qualité de roi à celle d'eſclave.* On peut voir

auſſi Polyen (*Stratag l.* 7. c. 25.)
qui écrit que Lyſimaque fut trahi. Il
ajoûte qu'il périt dans le combat : ce
qui eſt faux.

(*a*) C'étoit apparemment une leçon de pauvreté qu'il vouloit lui
donner ; car ſi nous en croyons A-
thenée,(*Deipno. l.* 6.)Lyſimaque étoit

lui fit connoître en même tems qu'elles lui suffisoient,
que la nation y étoit accoutumée, & qu'il convenoit
mieux d'être ami qu'ennemi d'un pareil peuple. La paix
fut faite, sans que Dromichæte se prévalut de sa victoire : il reçut en mariage une fille de Lysimaque, &
se contenta de la promesse qu'il lui fit de ne plus appro-
cher de ses états, & de le laisser tranquille possesseur des
terres qui étoient au delà du Danube.

De retour en Thrace, Lysimaque voulut s'affermir
par de puissantes alliances. Son fils épousa Lysandre
princesse d'Egypte ; il donna sa fille Arsinoë, à Ptolémée surnommé depuis Philadelphe ; & quelque tems
après, il épousa dans un âge assez avancé, Arsinoë sœur
du même Philadelphe, qui fut la principale source de
ses malheurs. Lysimaque avoit eu déja plusieurs femmes.
Amastris, veuve de Denys Tyran d'Heraclée, étoit une
de celles auxquelles il avoit été fort attaché. Les affaires
de son royaume avoient fait diversion à sa passion : il étoit
revenu à elle dans des tems plus tranquilles. Mais l'inté-
rêt qui regloit des alliances contre lesquelles un premier
& un second mariage n'étoient pas alors un obstacle,
lui fit jetter les yeux sur la fille du roi d'Egypte. Amastris ne put pas soutenir cette infidélité ; elle se retira
dans ses petits états du Pont, & y bâtit une ville de son
nom. Quelques années après elle fut cruellement mise
à mort par ses propres enfans qui la jettérent dans la mer

Strabo l. 7.

Pausanias, Attica.

Pauf. Ibid. Plutarc in Demetrio.

Memnon c. 5. ap. Phot.

intéressé & aimoit beaucoup l'argent.
Un parasite que ce prince avoit à sa
cour, fut un jour assez effrayé à la
vue d'un morceau de bois qui avoit la
figure d'un scorpion, & que Lysimaque avoit mis à dessein sur le man-
teau de ce parasite ; mais revenant

bientôt de sa frayeur, il dit au roi, &
moi aussi je veux vous faire peur :
donnez moi un talent. Ce qui donne
de la force à ce bon mot, c'est qu'A-
thenée dit dans un autre endroit, (*l.*
14.) que les parasites avoient beaucoup d'autorité auprès de Lysimaque.

Ibid.

Lyfimaque fut dans le Pont pour tirer vengeance de ce
crime. Il fit mourir ces fils dénaturés, & donna la li-

Diff. Tom. 1.
p. 494.

berté aux habitans d'Héraclée. Spanheim a publié une
médaille de cette princeffe infortunée.

Pendant que Lyfimaque étoit occupé de la guerre
contre Dromichæte, Démétrius roi de Macédoine crut
que la circonftance étoit favorable pour entrer dans la
Thrace : mais il ne pouffa pas fon entreprife, parce qu'il
apprit en même tems le retour de Lyfimaque, & l'ir-

*Plutarc. in
Demetrio.*

ruption de Pyrrhus roi d'Epire contre lequel il marcha.

Pour travailler à affoiblir Démétrius, Lyfimaque
paffa en Afie, & s'empara de quelques villes qui obéiffoient au roi de Macédoine. Il fe faifit d'Ephèfe par
une rufe de guerre. La ville ayant été fubmergée par

*Frontin.
Strat.*

une grande pluye, & par des eaux qu'il fit conduire à
deffein, il obligea les habitans à abandonner ce lieu & à
s'établir un peu plus loin dans une ville qu'il fit bâtir, &

Strab. l. 14.

qu'il appella Arfinoë, du nom de fa femme. Mais après
fa mort cette ville reprit le nom d'Ephèfe.

Démétrius fongeoit cependant à reconquérir les états
de fon pere. Il prépara une armée confidérable & fe
difpofa à paffer en Afie : mais il fut prévenu par Lyfimaque & par les rois de Syrie & d'Egypte allarmés de
ces préparatifs, qui lui firent la guerre dans fes propres

Plutar. Ibid.

états. Pyrrhus fe joignit à eux. Démétrius ne put réfifter
à tant d'ennemis, & fut obligé de fe fauver en Afie, où
il trouva le fils de Lyfimaque qui le battit. Ce prince
qui auroit pu finir fes jours glorieufement, dit Juftin,

l. 16.

fe rendit enfin à Séléucus, après avoir été pendant fept
ans roi de Macédoine.

Lyſimaque qui avoit contribué à chaſſer Démétrius
de la Macédoine, demanda une portion de ce royaume.
Pyrrhus qui n'étoit pas bien aſſuré de la fidélité des Macédoniens y conſentit, & le partage fut fait. Pour que
cette partie de la Macédoine ne lui fut pas diſputée ,
Lyſimaque fit mourir Antipater ſon gendre à qui elle
appartenoit de droit. Il travailla enſuite à chaſſer entiérement Pyrrhus de la Macédoine. Les hoſtilités commencérent. Il diſpoſa les Macédoniens en ſa faveur ,
en leur diſant , qu'il étoit honteux de ſouffrir la domination d'un prince étranger dont les ancêtres avoient
été ſujets de la Macédoine , & de ne pas ſe rendre plutôt à un ancien ami & compagnon d'Alexandre. Ces
diſcours produiſirent l'effet qu'il ſouhaittoit : Pyrrhus
craignit les ſuites de ces mouvemens, & ſe retira dans
ſon royaume d'Epire ; ainſi Lyſimaque reſta ſeul maître
de la Macédoine : environ l'an 286. avant J. C. (b)

C'eſt à peu près dans ce tems là que Lyſimaque fut
dans le Pont venger la mort d'Amaſtris ; car Memnon
dit que Lyſimaque étoit roi de Macédoine lorſqu'il fut
à Héraclée. A ſon retour, il vanta ſi fort les villes qui
avoient été ſoumiſes à Amaſtris, qu'il fit naître à Arſinoë ſa femme le deſir d'en devenir ſouveraine. Elle
preſſa beaucoup Lyſimaque qui après avoir réſiſté quelque tems, lui accorda enfin ce qu'elle demandoit. Arſinoë envoya, pour commander en ſon nom , un nommé Héraclite qui lui étoit dévoué, & qui traita les habitans d'Héraclée avec beaucoup de rigueur. A l'occaſion de ce trait d'hiſtoire d'Héraclée, Memnon nous

*Plutarc. 10
Pyrrhs.*

e. C.

(b) Pauſanias (*Attica*) juſtifie ‖ ſoit Jérôme de Cardie , d'avoir vio-
Lyſimaque du reproche, que lui fai- ‖ lé les cendres des rois d'Epire.

apprend qu'Arſinoë s'y prenoit ſi adroitement, qu'elle obtenoit tout ce qu'elle vouloit de Lyſimaque, qu'un âge avancé rendoit moins impérieux & plus facile. Elle abuſa du pouvoir qu'elle avoit ſur l'eſprit du roi, juſqu'à le faire conſentir à la mort de ſon fils Agathocle qu'il avoit eu d'une autre femme. On ne ſait pas ſi Arſinoë vouloit faire regner ſes propres enfans, ou ſi elle avoit des motifs de haine d'une autre eſpéce ; mais elle irrita ſi fort Lyſimaque contre ce fils qu'il avoit deſigné pour ſon ſucceſſeur, & qui l'avoit très bien ſecondé dans diverſes guerres, qu'il chargea cette cruelle marâtre de le faire mourir. Le malheureux Agathocle rejetta le poiſon caché qu'on lui avoit donné : mais ſon pere, auprès duquel on l'avoit fauſſement accuſé, le fit tuer par la main de Ptolémée ſurnommé Céraunus, frere d'Arſinoë.

Pauſan. Attica.

Juſtin l. 17.

Memn. c. 9.

Ce trait d'inhumanité fut ſuivi de la mort de ceux qui donnérent des pleurs au ſort d'Agathocle. De pareilles cruautés annonçoient la ruine de Lyſimaque. Ses principaux officiers l'abandonnérent, & furent ſe rendre auprès du roi de Syrie. Philétære qui avoit la garde des tréſors que Lyſimaque avoit en Aſie, s'empara de Pergame, & offrit à Séléucus toutes les richeſſes qui lui étoient confiées. La femme d'Agathocle ſe réfugia avec ſes enfans auprès de ce prince ; elle fut ſuivie d'Alexandre que Lyſimaque avoit eu d'une de ſes premieres femmes, qui étoit Odryſe de nation ; & ils ſuppliérent tous Séléucus de faire la guerre à Lyſimaque. On obſerva que la ville de Lyſimachie, fondée vingt deux ans auparavant par Lyſimaque, fut renverſée par un tremblement

Pauſan. Ib.

de terre ; (c) & on ne manqua pas de regarder cet évé-nement comme un préfage de la chûte du Roi. *Juſtin. li id.*

Le roi de Syrie faifit une occafion fi favorable de joindre la Thrace & la Macédoine à fes autres états. A cette nouvelle Lyfimaque paffa en Afie pour aller au devant de lui. Ils fe rencontrérent en Phrygie , dans une ville appellée *Corupedion* où le combat fe donna. *Eſebe*

Lyfimaque , quoique dans un âge avancé , combattit avec le courage d'un jeune ambitieux ; mais il fuccomba *Juſtin.*
fous la grêle des traits qui lui étoient portés , & fut tué dans cette journée à l'âge de près de 80 ans. Son corps *Memn. c. 9. Lucian in longævis.*
refta quelque tems expofé fans fépulture. Un chien , dont les anciens nous ont confervé le nom , extrêmement *On l'appelloit Hyrcanus.*
attaché à ce prince , & qui fe jetta dans le bucher fur *Pline l. 8. Plut'arc. inf.*
lequel on brûla le corps de fon maître , le garantit de *politi. p. 1468.*
la voracité des oifeaux de proye. Enfin il fut trouvé , & *animance teir. p. 1736.*
fon fils Alexandre qui s'étoit réfugié chez Séléucus , ob-tint la permiffion de le faire enfevelir, & lui fit ériger *Pauſ. Ibid.*
un monument remarquable auprès de Lyfimachie.

Ainfi périt Lyfimaque, l'an 281. avant J. C. après *Euſebe Chro.*
un regne de plus de 40 ans dans la Thrace , & de fix ans environ dans la Macédoine. Il vit mourir quinze de de fes enfans qu'il avoit eus de plufieurs femmes ; (d) & il perdit enfin le trône & la vie , pour avoir écouté les funeftes confeils d'Arfinoë.

(c) elle fut rebâtie dans la fuite par Antiochus le grand. (*liv. l.* 33.)
(d) Démétrius faifoit donc une mauvaife plaifanterie lorfqu'il lui donnoit l'épithète de *Spado* ; Lyfima-que auroit dû en rire le premier. Ce-pendant Plutarque (*in Demetrio*) dit qu'il n'entendoit par raillerie la def-fus. Ce qu'ajoûte cette hiftorien a tant de rapport à ce que nous lifons dans Strabon (*l.* 13.) de Philetære qu'un accident rendit eunuque dans fon enfance , & à qui Lyfimaque a-voit confié fes tréfors, que je foup-çonnerois volontiers Plutarque d'a-voir , dans cette occafion , manqué d'exactitude.

Nous avons des médailles de cette princeffe ; mais comme elles ont été frappées en Egypte, lorfqu'elle en devint reine en époufant fon frere Ptolémée Philadelphe, & qu'elles n'ont aucun rapport à la Thrace, je me difpenfe d'en parler. A l'égard de celles de Lyfimaque elles font fort communes, foit en or, foit en argent. (e) Je ne rapporterai pas ici toutes celles que nous connoiffons, parce qu'elles ne différent, pour la plûpart que par des monogrammes, ou des lettres initiales, dont on ne fait pas précifément la fignification, & qui vraifemblablement défignent le nom des villes où elles ont été frappées. Il feroit inutile de multiplier des gravures qui ne nous apprendroient rien ; ces collections ont déja été faites. (f) Je me contenterai de faire mention des piéces finguliéres ou moins communes. (voyez les nᵒ 2. & 3. de la premiere planche.) Haim qui a publié la premiere de ces médailles, l'attribue à Aga-

Hors Brit.
c. 1. p. 130.

tocle fils de Lyfimaque. Il fe trompe fans doute : l'infcription ΒΑΣΙΛΕΩΣ ΑΥΣΙΜΑΚΟΥ ne peut convenir qu'à Lyfimaque, & ne fçauroit défigner fon fils Agathocle dont on ne lit pas le nom. Peut être que cette médaille a été frappée en Thrace, & que le trophée qu'on voit au revers doit fe rapporter aux victoires de Lyfimaque fur Seuthès.

Q. Curt. l. 8.

Le lion qui eft au revers de la feconde médaille, peut s'expliquer par le lion que Lyfimaque tua dans la Syrie : ou par celui auquel Alexandre l'avoit fait expofer, & qu'il terraffa après en avoir pourtant été dan-

---

(e) On peut voir l'hiftoire d'une découverte confiderable de médailles d'or de Lyfimaque, dans Lazius.

Comment. rer. Roman. l. 12.
   (f) Rois de Macédoine de M. Geffner, Zurich 1635.

gereufement

gereusement blessé. Q. Curce dit que le lion tué dans la Syrie, a donné lieu à la fable du lion avec lequel on prétend qu'Alexandre fit enfermer Lysimaque. Justin, Sénéque, Pline rapportent pourtant la même histoi.e qui n'a pas des caractères plus fabuleux que celle du lion tué en Syrie : D'ailleurs Q. Curce n'est pas en droit d'accuser les autres de trop de crédulité. *Plutar. in Demetri.*

Lorsque Lysimaque eut forcé Pyrrhus à lui céder toute la Macédoine, il devint un prince très puissant. Je pense que c'est à cette époque de sa grandeur qu'on doit rapporter la quantité de ses médailles d'or & d'argent qui sont venuës jusqu'à nous. En voici deux dont le type est fort commun, mais qui sont singuliéres par les mots ΣΚΟΣΤΟΚΟΥ. & ΖΩΙΥ, c'est à dire, ΖΩ. ΠΥΡΟΥ, ou ΖΩΙΥΡΙΟΝΟΣ, qui ne peuvent être que des noms de magistrats ou de monétaires. Elles font au cabinet du Roi ; la premiére est un médaillon d'argent. (pl. I. n°. 4.) La deuxiéme est en or de la grandeur ordinaire. (n°. 5.)

Je crois devoir y joindre une de celles qui ont été frappées dans la ville que Lysimaque avoit fait bâtir & à laquelle il donna son nom. Nous en connoissons un petit nombre qui différent entr'elles & qui ont été publiées par Goltzius, Spanheym, la Motraïe, & dans le recueil du Comte de Pembroke. Celle ci est du cabinet du Roi. (N. 6.) *Græcia. Diss. t. 1. p. 4 8. Voy. de la Motraie.*

Dans le cabinet Theupolo, il y en a deux que j'aurois fait graver, si j'avois pu en avoir le dessein. Elles font ainsi décrites. 1°. *cap. imberbe tectum pelle leonis.* Au revers : BΛΣ. ΛΥΣ. *in corona cum spicis.* 2°. *cap. imb. gal.* revers BAΣIΛEΩΣ ΛΥΣIMAXOΥ. *Dimidius leo.* *p. 1218.*

E

On peut voir dans le livre que j'ai déjà cité de M.
Geſſner, une collection de médailles de Lyſimaque, qui
pourroit cependant être plus conſiderable. Quoique
l'auteur ait rendu ſervice aux curieux, en réuniſſant dans
un ſeul volume les piéces qui ſont répanduës dans pluſieurs livres ; s'il avoit conſulté divers cabinets de l'Europe en formant ſon recueil des médailles de rois &
de villes, on lui auroit fourni avec plaiſir une infioité
de piéces qui n'ont pas paru, & qui auroient donné
à ſon ouvrage un air de nouveauté qui l'auroit rendu
bien plus intereſſant.

Ici la ſucceſſion des rois Thraces ſouffre quelque in-
terruption, par les mouvemens & les guerres des
rois de Syrie ou d'Aſie ; & plus encore par les invaſions des Gaulois qui reſtérent pendant pluſieurs
années maîtres de la Thrace.

S É L É U C U S.

Séléucus ne ſurvêcut que ſept mois à la victoire qu'il
remporta ſur Lyſimaque. Dans le tems qu'il venoit
prendre poſſeſſion de la Macédoine pour y paſſer le
reſte de ſa vie, il fut aſſaſſiné par Ptolémée Céraunus
qu'il avoit comblé de bienfaits. Antigone Gonatas, fils
de Démétrius Poliorcète, voulut envain s'oppoſer aux
deſſeins de Ptolémée ; il fut battu & Céraunus reſta
maître de la Macédoine.

Juſtin l. 17.
Memn. c.13.
Appia. Alex.

P T O L É M É E.

Pour autoriſer ſon uſurpation & n'avoir rien à craindre des enfans de Lyſimaque, Ptolémée propoſa à ſa

sœur Arsinoë, veuve de Lysimaque, de l'épouser ; &
d'assurer par là à ses enfans le royaume de leur père.
Arsinoë croyoit pénétrer son frere & ne vouloit pas
consentir à ce mariage. Ptolémée lui fit dire qu'il adop-
teroit ses enfans, & partageroit avec eux le royaume :
qu'il n'avoit les armes à la main que pour les mettre
en possession de l'empire ; & qu'elle pouvoit envoyer
quelqu'un de sa part, en présence duquel il jureroit à
la face des Dieux que c'étoient là ses véritables inten-
tions. Arsinoë balançoit d'ajoûter foi aux promesses de   *Justin l. 24.*
Ptolémée, mais craignant que ses enfans ne fussent les
victimes de ses refus, elle envoya un officier de confiance qui reçut les affreux sermens que fit Ptolémée
dans un ancien temple de Macédoine.

Rassurée par ces engagemens solemnels, Arsinoë se
rendit auprès de Ptolémée, qui la reçut de façon à dis-
siper tous les soupçons qui pouvoient lui rester. La ma-
gnificence & la joye éclatérent dans les préparatifs du
mariage. Ptolémée lui donna le nom de Reine & lui
mit le bandeau royal sur la tête en présence de l'armée
convoquée. Arsinoë fut extrêmement satisfaite de jouir
de nouveau des honneurs qu'elle avoit perdus par la
mort de Lysimaque. Pour lui marquer sa reconnoissance
& sa joye, elle l'invita à venir à Cassandrie, ville de
Macédoine, qui étoit sous son obéissance. Ptolémée y
consentit avec d'autant plus d'empressement qu'il desi-
roit ardemment de s'emparer de cette ville. Arsinoë
s'y rendit la premiére, & y ordonna tous les apprêts
d'une grande fête. Elle mit la couronne sur la tête de
ses deux fils, princes remarquables par leur beauté, &
les envoya dans cet état au devant du roi de Macédoi-

ne.. Ptolemée cacha fes noirs deffeins fous des embraf-
femens affectueux , & les accabla de careffes. Mais dès
qu'il eût mis le pied dans la ville , il donna ordre de fe
faifir de la citadelle , & de faire mourir les jeunes princes. Ces malheureufes victimes furent fe jetter entre
les bras de leur mere qui tâcha vainement plufieurs fois
de parer , ou de recevoir les coups qu'on portoit à fes
enfans. Elle ne put ni les fauver , ni mourir avec eux.
Dans ce cruel état , les cheveux épars , & fumante du
fang de fes enfans , on la fit fortir de la ville ; & elle
fut conduite en exil dans l'ifle de Samothrace..

Par ces crimes odieux Ptolémée fut maître de la Macédoine & de la Thrace : mais il ne jouit pas long tems de
fes forfaits. Peu après , c'eft à dire , l'an 279. avant
J. C. Les Gaulois qui fous la conduite de Brennus firent des incurfions en différentes provinces d'Europe &
d'Afie, le dépouillérent de fes états.

BELGIUS.

Belgius chef des Gaulois qui envahirent la Macédoine , fit propofer à Ptolémée d'acheter la paix. Le roi

de Macédoine répondit avec hauteur à cette propofition,
& attendit les Gaulois avec beaucoup d'intrépidité & de
confiance. Il fut battu & percé de coups. Les Gaulois
lui coupérent la tête & l'expoférent au bout d'une lance.

Nous connoiffons quelques médailles de Ptolémée Céraunus qui ont été frappées en Macédoine ou
en Thrace. Celle que je produis ici (pl. I. n°. 7.)
eft du cabinet du Roi , où il y en a plufieurs qui différent peu entr'elles. Le revers de cette médaille s'ex-

plique de lui même par l'épithète de Céraunus qu'on avoit donnée à Ptolémée.

LEONARIUS ET LUTARIUS.

Les Gaulois ayant pour chef Cerethrius, marché- *Pauf. Ibid.* rent contre quelques troupes Thraces. Dans le même tems Leonarius & Lutarius, officiers de Brennus, ayant excité quelque fédition, & détaché vingt mille foldats *Livius l. 38.* de fon armée, fe jettérent dans la Thrace & la foumirent entiérement de gré ou de force. Ils fe rendirent maîtres de Byfance & des villes voifines, & en retirérent des tributs. Après s'être emparé de Lyfimachie & de la Cherfonèfe, ils voulurent paffer en Afie. Mais la divifion s'étant mife parmi eux, Leonarius prit le chemin de Byfance, & Lutarius paffa en Afie. Les Byfantins incommodés par les Gaulois implorérent le fe- cours de Nicomède roi de Bithynie, qui attira Leona- *Memn. c. 23* rius en Afie, & délivra Byfance. Mais cette ville ne fit que changer d'oppreffeur.

COMONTORIUS.

Comontorius échappé de la bataille de Delphes, où périt Brennus, paffa dans l'Hellefpont à la tête d'une autre partie de Gaulois; & ne croyant pas trouver en Afie de plus fertiles champs & un lieu plus convenable il s'arrêta aux environs de Byfance, impofa à cette ville un tribut confiderable, & fut établir le fiége de fon empire à Tule, ville fituée fous le mont Hæmus.

Les Thraces voifins de la Macédoine furent déli- *Polybe l. 4.* vrés des Gaulois que Brennus avoit laiffés dans cette province, par Antigone Gonatas qui les tailla en pié-

Juftin l. 25. ces, & qui rentra dans la Macédoine. Après cet échec, les Gaulois cefférent d'infefter ce pays, ils ne parurent plus que comme troupes mercénaires fous les rois de Macédoine ou d'Epire.

Le feul Comontorius fe foutint dans cette partie de la Thrace où il s'étoit fixé & où il avoit pris le titre de Roi.

CAVARUS.

Vers l'an 219. av. J. C. Cavarus un de fes fuccefleurs (*g*) fut un prince puif-fant & refpeété de fes voifins. Il fit ceffer la guerre qui étoit entre Prufias roi de Bithynie, les Byfantins & les

l. 4. Rhodiens : ces peuples le regardérent comme leur ar-bitre, & firent la paix dont Polybe nous a confervé le

Polyb. extr. l. 8. traité. Cavarus fut très favorable aux Byfantins ; il ren-dit la navigation du Pont libre & affurée. Ce prince qui avoit toutes les qualités qui forment un grand roi,

Athenée l. 6. prêta trop l'oreille aux difcours d'un indigne flatteur qui corrompit les mœurs de fon maître. Les Thraces qui étoient fous fon obéiffance fe révoltérent, & le chaf-

Polyb. l. 4. férent du trône. Ce fut le dernier roi Gaulois qui re-gna fur la nation Thrace.

Les villes maritimes de la Thrace, affoiblies ou épuifées par les invafions des Gaulois, reftérent fuc-ceffivement fous l'obéiffance des rois de Macédoine, de Syrie & d'Egypte fuivant que ces princes avoient de la fupériorité les uns fur les autres. Mais il y avoit

---

(*g*) C'eft le même que M. de Tourreil (p. 117.) appelle Clyæus dans une note fur la troifiéme Olynt. de Démofthène, au lieu de Clyarus qu'on lifoit dans des édi-tions de Polybe & qu'on a corrigé, en écrivant Cavarus.

toujours des Thraces qui tentoient de secouer le joug
de ces rois étrangers, & qui se rendoient maîtres de
quelques parties de la Thrace. Philippe le pere de Perfée, en défit quelques uns, & prit Amadocus leur chef: *Livius l. 39,*
la crainte de ses armes en intimida d'autres qui auroient *§ 36.*
pu traverser ses projets. *Polyb. leg. 44.*

Les Odryses remirent sur le trône des princes de
leur nation dès qu'ils furent délivrés des Gaulois. Ce ré-
tablissement fournit une nouvelle suite qui nous conduit
juqu'au tems où la Thrace fut réduite en province
Romaine.

SEUTHES IV.

Vers l'an 200 av. J. C.

L E royaume des Odryses n'étoit pas trop exposé par
sa situation à être le théâtre de la guerre, & n'excitoit pas beaucoup l'ambition des autres rois qui avoient
des intérêts plus essentiels à soutenir. Ainsi il trouva
moins d'obstacle à rétablir son ancienne forme de gouvernement. Lorsqu'après avoir chassé Cavarus, les
Odryses n'eurent plus rien à craindre des Gaulois, ils
mirent sur le trône Seuthès quatriéme du nom, qui étoit
du sang de leurs rois. Les auteurs n'ont pas parlé de ce
prince, & nous ne savons rien de ses actions. Je pense
qu'il faut lui attribuer la résistance que les Odryses firent *Livius l. 39,*
à Philippe, en chassant la garnison qu'il avoit mise à Phi- *§ 53.*
lippopolis. Quoi qu'il en soit, Tite Live est le seul qui *Polyb. leg. 48,*
nous apprend que Seuthès étoit roi des Odryses, *L. 42. § 51.*

COTYS II.

L'an 171. avant. J. C.

COtys fuccéda à Seuthès fon pere, voifin de la Macédoine, il prit le parti de Perfée contre les Romains, & vint à fon fecours avec mille chevaux & environ autant d'hommes de pied. Perfée le mit à l'aîle gauche des Macédoniens. Le conful Licinius fut battu : Cotys contribua beaucoup à la victoire. Les Thraces tuérent un grand nombre de Romains, & portérent infolemment au bout de leurs lances, les têtes de ceux qui étoient tombés fous leurs coups.

Livius l. 42. §52.

Peu après ce combat, Perfée mit fes troupes en quartier d'hyver, & fut à Theffalonique accompagné de Cotys. Là on vint dire au roi des Odryfes, qu'Atlefbis chef de quelques Thraces, fecondé du lieutenant d'Eumene roi de Pergame, faifoit des incurfions fur fes terres. Dans ces circonftances, Perfée ne voulut pas retenir Cotys qui avoit fon propre royaume à défendre : il le renvoya, après lui avoir fait de magnifiques préfens & avoir payé généreufement aux foldats Thraces, pour le fervice de fix mois, ce qu'il leur avoit promis pour une année entiére. (h)

Ibid. § 67.

(h) Car je ne doute pas qu'il ne faille traduire ainfi ce paffage de Tite Live. *Itaque dimittendum Cotyn ad fua tuenda ratus, magnis proficifcentem donis profequitur. Ducenta talenta, femeftre ftipendium, equitatui numerat, quum primò annuum dare conftituiffet.* Cependant Reineccius (hift. Jul.) & d'autres auteurs ont entendu tout le contraire : ils ont cru que ces mots fignificient que Perfée n'avoit donné aux Thraces que la moitié de ce qu'il leur avoit promis ; ce qui s'accorderoit mal avec les magnifiques préfens que Cotys reçut. Il n'y a qu'à lire ce paffage avec attention, pour reconnoitre que Tite Live dit, que Perfée donna aux Thraces, pour le fervice de fix mois, les deux cens talens dont ils étoient convenus pour l'année entiére.

Le

Le fort de Perfée étoit de fuccomber fous les Romains. Il fut entiérement défait par Paul Emile, & fe réfugia dans l'ifle de Samothrace. Mais voyant que cet azyle ne l'empêcheroit pas de tomber entre les mains du vainqueur, il réfolut de fe retirer auprès de Cotys, & propofa à un Crétois qui connoiffoit le pays de l'embarquer avec toutes fes richeffes, & de le conduire fur les terres du roi de Thrace. Après le coucher du foleil, on porta fecrettement fur le vaiffeau ce que Perfée *Livius l. 45.* vouloit emporter avec lui : le roi attendit les ténébres *6.* de la nuit pour s'embarquer. Mais dès que le fourbe Crétois eut dans fon bord les tréfors de Perfée, il s'éloigna du port & fe fauva dans fon pays. Le roi de Macédoine fortit au milieu de la nuit, & parvint avec beaucoup de peine au rivage; ne trouvant plus le vaiffeau, il fut long tems incertain fur ce qu'il devoit faire, & craignant que le jour ne le trahît, il alla fe réfugier dans un temple, d'où il fut enfin obligé de fe rendre aux Romains.

Cotys avoit laiffé en Macédoine un de fes fils, nommé Betis, qui fe trouva enveloppé dans la défaite de Perfée, & qui fut conduit à Rome, où il fervit au triomphe de Paul Emile, & fut mis enfuite dans une prifon. Les antiquaires ne doutent pas que Bétis ne foit un des deux captifs qui paroiffent fur cette médaille de la famille Æmilia. (pl. I. n°. 8.) Cotys envoya une ambaffade à Rome, pour s'excufer fur la néceffité où il avoit été de fournir des troupes à Perfée : il offroit une rançon pour fon fils & d'autres ôtages. Les Romains répondirent, » que Cotys n'étoit pas juftifié par la nécef-

G

Livius l. 45.
§ 42.

» fité où il s'étoit trouvé, puifque c'étoit un crime que
» d'avoir cédé à cette néceffité. Que les Thraces n'au-
» roient pas dû craindre Perfée, quand même il n'au-
» roit pas été occupé de la guerre avec les Romains.
» Qu'au refte, quoique Cotys eut préféré l'amitié du
» roi de Macédoine à celle de Rome, le peuple Ro-
» main ne vouloit pas le traiter comme il feroit en droit
» de le faire, & qu'il lui rendoit généreufement fon
» fils & fes ôtages. Que Rome n'exigeoit rien pour les
» graces qu'elle accordoit ; & qu'elle attendoit le prix
» de fes bienfaits, de la reconnoiffance de ceux qui en
» étoient les objets.

C'eft Tite Live qui nous fournit cette belle réponfe
de Rome aux envoyés de Cotys. Polybe qui raconte le
Leg. 96.
même fait, eft plus fimple dans fa narration. Il dit feulement, que les Romains contens de la conquête de la
Macédoine, & peu intéreffés à faire la guerre à Cotys,
confentirent à lui rendre fon fils, pour donner à ce
prince un exemple de douceur & de générofité, & lui
montrer en même tems leur eftime par ce bienfait.

De virtutib.
27.
Diod. Excer.
Ed. Vales. pag.
306.
Polybe nous apprend auffi que Cotys joignoit les
vertus guerrieres à la beauté du corps ; & qu'il fe dif-
tinguoit des Thraces par des mœurs fobres & douces,
& par les qualités de fon efprit. Ce font fans doute ces
vertus & ces talens qui lui attirérent un traitement fi
doux de la part des Romains.

Après cet événement qui appartient à l'an 167. avant
J. C. Il n'eft plus parlé de Cotys. Bétis fon fils qui lui
fut rendu fans rançon, ne paroît pas lui avoir fuccédé :
du moins les auteurs n'en difent rien. Peut être que ce

n'étoit pas l'aîné de fes fils. Quoiqu'il en foit, je ne vois que Diégulis, ou Diégylis à placer fur le trône des Odryfes, après Cotys II. (*i*)

DIEGYLIS Roi des Thraces.

Vers l'an 150. *av. J. C.*

DANs les extraits de Diodore de Sicile donnés par M. de Valois, il y a un paffage affez long fur Diégylis. Il eft encore parlé de ce prince dans Strabon. Mais dans ces deux auteurs il n'eft pas dit expreffément que Diégylis fut roi des Odryfes. Le paffage de Strabon eft vifiblement corrompu. Paulmier qui s'en eft apperçu, a fait un leger changement : d'où il réfulte que Diégylis étoit roi des Thraces Cœnes, peuple qui faifoit anciennement partie du royaume des Odryfes. Il faut convenir que la correction que Paulmier propofe avec confiance, eft heureufe. Une feule confidération

p. 354.

l. 13. *p.* 624.

(*i*) Dans Diodore de Sicile (*extrait pag.* 320. *d'Urfin.*) il eft parlé d'Abrupolis Thrace ou roi de Thrace, que Perfée avoit détrôné & dont les Romains ordonnoient le rétabliffement. Le nom de ce prince fe trouve auffi dans Paufanias (*in Achaic.*) & quoiqu'il y foit défiguré, on y voit qu'Abrupolis regnoit fur une partie de la Thrace. Tite Live (*l.* 42. §. 13. 40. 41.) nomme Abrupolis, mais fans parler de la Thrace; il dit feulement, que c'étoit un roi voifin de la Macédoine qui étoit entré dans les états de Perfée & que ce dernier avoit repouffé & détrôné. Fulvius Urfinus (*Notes fur cet endroit de* Diodore.) dit, *De Abrupoli rege Thraciæ mentionem facit Livius l.* 42. *cum inquit,* Abrupolim focium at *que amicum veftrum regno expulit. Quæ verba ex Polybio tranftulit Livius, ut apparet ex Diodori loco & ex Appiani Macedonico.* Je n'ai trouvé ni dans Polybe ni dans Appien qu'il fut parlé d'Abrupolis ; & dès qu'il n'y a rien à ce fujet, je ne vois pas comment il doit paroître par le paffage de Diodore, que Tite Live a copié Polybe. Cette note d'Urfin manque d'exactitude. Cependant le paffage de Paufanias nous apprend qu'Abrupolis avoit poffédé quelque portion de la Thrace maritime.

G ij

m'arrête ; c'est que je n'ai vû nulle part que les Thraces Cœnes eussent des rois particuliers. Il se peut que
Diégylis roi des Odryses ait fait son séjour chez les
Cœnes, pour être plus à portée de résister à Attale roi
Strab. Ibid. de Pergame avec qui il étoit en guerre ; (*k*) & que le
lieu de sa résidence l'ait fait appeller roi des Cœnes.
Dans cette partie de la Thrace il y avoit une ville appellée Byzia, que l'on regardoit comme la forteresse
des rois de Thrace. (*l*) Cette province faisoit partie du
royaume des Odryses ; ainsi Diégylis pouvoit être appellé roi des Cœnes sans cesser d'être roi des Odryses.
Il se peut aussi que vers ces tems là, le royaume des
Panath. p.
.181. Odryses ait été divisé en plusieurs principautés usurpées
par différens chefs. (*m*) Ainsi il reste quelque incertitude à ce sujet, suite naturelle des fréquentes révolu-
tions de ce royaume, qui ont fait dire à Aristide, en parlant de la Thrace, ἃ μυϱίους μεταϐέϐληϰεν ἄϱχοντας. *quæ
millies reges mutavit.* Dans des recherches qui ont pour
objet l'histoire de pareils peuples, il est impossible de
tout approfondir.

*Diod. Excer.
p.356.Ed.Val.* Diégylis fut un prince cruel & barbare. On lit avec
horreur les traitemens affreux qu'il faisoit à ses sujets.
Il avoit épousé la fille de Prusias roi de Bithynie, qui
étoit presque aussi cruel que son gendre. Attale roi de

(*k*) Dans Tite Live, (*Epito.* 36.)
où il est dit qu'Attale battit les Thraces Cœnes, leur roi n'est pas nommé.
(*l*) *Byzia arx regum Thraciæ.* Pli-
nius, *Solinus.*
(*m*) On trouve de plus qu'un petit roi de Thrace contemporain de
Diégylis, trahit Andriscus, ou Pseu-
dophilippe, qui s'étoit réfugié dans
ses états. Quelques auteurs qui par-

lent de la trahison de ce roi de Thrace, ne l'ont pas nommé. Le seul Zo-
nare (*liv.* IX. p. 466.) nous apprend
qu'il s'appelloit Byzès, ou Byzas ;
car suivant l'usage des Thraces de
terminer les noms en *ès*, ou en *as*,
ce nom qui est au génitif dans Zona-
re ὑπὸ Βύζου vient de Βύζης ou de Βύζας
Freinshemius (*suppl. liv.* 15.) le
nomme Bysas.

Pergame fit la guerre à ces deux princes : Prufias fut tué, & Diégylis, abandonné des fiens, refta prifonnier. Ce roi de Thrace eut des enfans dignes de lui. Sa fille fournit à Valere Maxime des exemples de cruauté. M. de Valois a obfervé que le nom de Diégylis, eft écrit dans ce paffage de Valere Maxime, Diégiris.

Strab. l. 13.
p. 624.

L. 9. c. 2.

ZIBELMIUS.

SOIT que Diégylis eut été remis en poffeffion de fon royaume ; ou que Zibelmius fon fils, n'ayant pas été enveloppé dans la défaite de fon pere, eut affez de forces pour refter maître de fes états : Nous voyons dans Diodore qu'il fuccéda à Diégylis & qu'il furpaffa fon pere en cruauté. Il fe vengea avec fureur des Thraces qui avoient témoigné de l'éloignement à lui obéir, & il fignala fon regne par d'affreux fupplices, dont je fupprime le détail, & qu'on peut voir dans Diodore de Sicile. De pareils récits révoltent l'imagination, & font la honte de l'humanité. Enfin les Thraces pouffés à bout par la barbarie de Zibelmius, confpirérent contre lui. Ils lui firent fouffrir des tourmens proportionnés à fes crimes : quoique la mort d'un feul homme, dit Diodore, ne puiffe jamais réparer les maux d'une nation entiére.

Ibid. p. 374.

Ibid.

La mort violente de Zibelmius fit naître des troubles qui favoriférent les divifions des Thraces. Les Beffes qui faifoient partie du royaume des Odryfes, fecouérent le joug des princes de cette nation, & fe choifirent des chefs fous lefquels ils faifoient des incurfions dans les provinces voifines. Ces changemens & ces partages qui affoibliffoient les Thraces, rendoient leurs princes

moins puiffans & moins dignes de l'attention des hiftoriens qui femblent les avoir condamnés à l'oubli. D'ailleurs la perte des livres de Diodore de Sicile & de Tite
Live , laiffent un vuide qu'on ne fauroit remplir. Les
auteurs qui fuppléent à ce qui nous manque , n'ont pas
daigné nous entretenir de quelques rois peu connus ; &
ne fe font attachés qu'aux événemens principaux & intéreffans.

SOTHIME.

L'an 93. avant J. C.

UN paffage d'Orofe peut autorifer à mettre Sothime au nombre des rois de Thrace. On lit dans cet
l. 5. c. 18.
hiftorien, que Sothime fecondé d'un grand nombre de
Thraces,ravagea les terres de la Macédoine. Mais qu'enfin le Préteur Sentius le battit & l'obligea de retourner
dans fon royaume. Orofe ne nomme pas le pays dans lequel Sothime regnoit. Les termes dont il fe fert pourroient
même donner lieu à penfer que ce prince n'étoit pas
roi de Thrace. *Rex Sothimus cum magnis Thracum auxi-
liis , Græciam ingreffus, cunÛos Macedoniæ fines depopula-
tus eft : tandemque à C. Sentio Prætore fuperatus , redire
in regnum coaÛus eft.* Il femble qu'Orofe auroit dû dire ,
Sothimus Thracum rex. Car on pourroit croire à fa façon
de s'exprimer , qu'il s'agit d'un autre roi à qui les Thraces donnérent du fecours. Je ne fais fi le défaut de clarté
dans Orofe fuffit pour dépouiller Sothime de la qualité
de Roi de Thrace. Mais comme on y voit qu'il fut dé-
Epit. 70.
fait par Sentius & que nous lifons dans Tite Live que
Sentius marcha contre les Thraces, on peut bien con-

je&urer que Sothime étoit à leur tête. Peut être regnoit-
il fur des Thraces Beffes & qu'Orofe a employé le mot
de Roi au lieu de celui de Chef qu'il pouvoit avoir lû
dans les mémoires qu'il a compilés. En effet, il y a toute
apparence qu'il s'agit dans Orofe & dans Tite Live du
même événement, quoique le témoignagne de l'hiflo-
rien Latin foit directement oppofé à celui de l'écrivain
Efpagnol. Orofe dit que Sentius défit les Thraces. Mais
dans *l'Epitôme* de Tite Live, on lit, *C. Sentius Prætor
contra Thraces infeliciter pugnavit.* Il faut, ou que Sentius ait livré plus d'un combat aux Thraces ; ou qu'un
copifte ait mis dans cet endroit de Tite Live, *infeliciter*
au lieu de *feliciter.* Je ferois tout à fait porté à faire cette
petite correction, & à rétablir dans le texte *feliciter*,
parce qu'on voit dans Cicéron, que Sentius avoit défait les barbares qui troubloient la Macédoine. L'orateur Romain ajoûte, que Sentius fut fecondé des Thraces Denfelètes, nation de l'ancien royaume des Odryfes (n) toujours fidèle aux Romains. Cette circonftance
me confirme dans l'idée que Sothime étoit à la tête
des Thraces Beffes, qui pour parvenir en Macédoine
pafférent apparemment fur les terres des Denfelètes : ce
fut une raifon de plus pour ces derniers de fe joindre
aux Romains afin de repouffer les Beffes.

In L. Pifon. §34.

Ce peuple fut battu plus d'une fois par les Romains.

(n) Ces Denfelètes, ou Denthelètes, avoient des princes particuliers. Dion (*l.* 51. p. 461.) parle
de Sitas roi des Denthelètes, qui
étoit aveugle, auquel Craffus donna
du fecours contre les Triballes : il
note l'alliance des Denthelètes avec
les Romains. Dans cette occafion
Craffus tua Deldon roi des Baftarnes.

On voit au même paffage Role &
Dapyx, rois des Gètes. Quelque tems
après nous trouvons un Cotifon roi
des Gètes, dont on prétend qu'Augufte voulut époufer la fille. (*Sueto-
nius in Aug.*) Je nomme ces princes,
parce que les nations qu'ils gouvernoient, faifoient ançiennement partie des Thraces.

L. 6. c. 1. Quelques années après Lucullus Varron remporta sur eux une grande victoire. Eutrope dit que ce fut le premier des Romains qui triompha des Besses ; ce qui peut être vrai, quoique d'autres généraux eussent remporté des avantages sur ces Thraces avant Lucullus : toutes les victoires ne méritent pas les honneurs du triomphe.

SADALES I. (o)

Roi des Odryses. *L'an* 81 *avant J. C.*

SADALES premier succéda à Sothime l'an de Rome 673. Ce prince est nommé dans un passage de Cicéron, où nous voyons que Verres demanda à Dolabella qui commandoit en Cilicie, à être envoyé vers Sadalès. *Accidit cum iste* (Verres) *à Cn. Dolabella efflagitasset, ut se ad regem Nicomedem regemque Sadalam mitteret.* &c.

Verr. 1. 24.

Ce n'est que par conjecture qu'on pourroit pénétrer les raisons politiques qu'avoit Dolabella en envoyant Verrès aux cours de Bythinie & de Thrace. L'histoire nous laisse ignorer l'objet de cette commission, mais Cicéron observe qu'elle ne convenoit pas dans les circonstances où se trouvoit la République, & qu'en demandant d'en être chargé, Verrès n'avoit en vûe que ses propres intérêts. Nicomède roi de Bithynie, étoit

---

(o) Le nom de Sadalès est écrit diversement dans les auteurs & dans les manuscrits. Les ancienues éditions de Cæsar portoient *Safalem* ; celles de Cicéron ont encore *Sadalam* ; Oudendorp a trouvé dans différens manuscrits de Lucain *Sadalen*, *Sadalam*, *Sadalim*, *Sadolam*, &c. Je crois que le nom grec étoit ΣΑΔΑΛΗΣ, ou suivant le dialecte en usage parmi les Thraces ΣΑΔΑΛΑΣ. Nous verrons plus bas qu'au lieu de ΠΟΙΜΗΤΑΑΚΗΣ ils disoient quelquefois ΠΟΙΜΗΤΑΑΚΑΣ.

Allié

allié des Romains à qui il laissa ses états : ainsi il n'y a
pas à douter que Sadalès ne fut également ami de Rome , puisque Verrès demanda à être envoyé à la cour
de ces princes. Cette remarque est nécessaire , pour af-
firmer avec plus d'assurance que Sadalès étoit roi des
Thraces Odryses & non des Besses. Ces derniers furent
toujours en guerre avec les Romains , depuis leur révolte après la mort de Zibelmius ; mais nous les verrons
bientôt soumis & réunis au royaume des Odryses.

COTYS III.

L'an 57. av. J. C.

PENDANT que Cotys III. que je crois fils & successeur de Sadalès premier regnoit sur les Odryses,
Rabocente commandoit les Thraces Besses. Cicéron ac-
cuse le préteur Pison d'une noire trahison contre ce
prince Thrace. *Idemque tu (Piso) Rabocentum Bessicæ*
gentis principem , cum te trecentis talentis regi Cotto vendi-
disses , securi percussisti : cum ille ad te legatus in castra ve-
nisset , & tibi magna præsidia & auxilia à Bessis peditum
equitumque polliceretur. Neque eum solum sed etiam cete-
ros legatos qui simul venerant , quorum omnium capita Cot-
to vendidisti. Pison étoit alors en Macédoine. Rabocente
vint lui offrir des troupes Thraces , & lui demander son
appui, pour se soutenir contre Cotys qui étoit roi des
Odryses , & dont Pison embrassa les intérêts. Le royaume des Odryses étoit en ce tems là fort affoibli. Cotys fit
valoir ses anciens droits sur les Thraces Besses; & profi-

In L. Pif n.
§ 34.

H

tant de la faveur de Pifon à qui il donna des fommes confidérables, il réunit à fes autres états ceux de Rabocente
par les voyes odieufes que Cicéron reproche à Pifon. La
préture de Pifon eft de l'an de Rome 697. 57. av. J. C.

Par la mort de Rabocente, Cotys devint le prince de
Thrace le plus puiffant, & le feul qui méritoit le nom
de Roi. Le refte de la nation étoit divifé en plufieurs
peuples qui fe donnoient quelquefois des chefs ; mais
la plûpart étoient indépendans & fubfiftoient par les
courfes qu'ils faifoient fur les terres de leurs voifins ; ou
par les fecours qu'ils fourniffoient à ceux qui les appelloient. On voit dans les *Epitomes* de Tite Live, que les
Thraces faifoient des incurfions continuelles dans la
Macédoine, & que les Romains étoient toujours occu-
pés à les repouffer, ou à les conquérir. Plufieurs autres
peuples Thraces étoient troupes auxiliaires de divers
princes. Mithridate en avoit un corps confidérable : on
les trouve fouvent dans les armées romaines ; ils fer-
voient indifféremment des partis oppofés. Ces troupes
avoient des chefs qui prenoient quelquefois le titre de
Roi ; mais ils font bien moins connus que les defcendans, ou les fucceffeurs de Cotys, qui tenoient une
partie de l'ancien royaume des Odryfes.

*Plutarc. in
Sylla. Lucul.
Appian.
Diod. l. 35.
Juftin l. 42.*

M. Pellerin, dont j'aurai fouvent occafion de citer
le magnifique cabinet & dont je ne puis trop reconnoître la bonté avec laquelle il m'a communiqué tous les
fecours dont j'avois befoin, a une médaille en petit bronze, qui d'un côté repréfente la tête de Cotys ceinte d'un
diadême & au revers un aigle avec cette legende... ΚΟ-
ΤΥΣ. Je l'attribue à Cotys III. parce qu'elle eft tout
à fait dans le goût de celle de Sadalès dont je parlerai
bientôt (pl. I, n°. 9.)

Dans la guerre civile de Rome, Cotys suivit le parti de Pompée. Il lui envoya cinq cens hommes commandés par son fils Sadalès ; & si toutes les troupes de Pompée l'avoient secondé comme les Thraces, la victoire n'auroit pas été pour Cæsar. Lucain donne à Cotys l'épithète de vaillant ; mais nous ne savons point quels sont les exploits qui lui ont fait mériter ce trait d'éloge. Nous ignorons aussi en quel tems ce prince laissa le royaume à son fils.

Cæsar l. 3.

Florus l. 4.
Lucan. l. 5

SADALES II.

CE fut l'an de Rome 706. & le 48e. avant J. C. que Sadalès fut envoyé par Cotys à Pompée à la tête de cinq cens hommes. Le roi de Thrace avoit d'abord fourni de l'argent au général Romain , & il auroit pû faire marcher à son secours un plus grand nombre de soldats, puisqu'il étoit à la tête d'un royaume considerable ; mais sans doute Pompée, qui pour un coup de main , comptoit autant sur le courage de ces troupes, que sur leur multitude , n'en demanda pas davantage. Quoi qu'il en soit, il parut fort sensible à l'empressement de Cotys qu'on remercia, au nom de la République, de sa fidélité & de son zèle pour les Romains. Sadalès justifia les éloges qu'on donnoit à son pere & mérita lui même des honneurs distingués. Cæsar avoit envoyé Cassius Longinus , un de ses lieutenans , pour s'assurer de la Thessalie. Scipion quitta la Macédoine pour traverser ce dessein ; & Sadalès se joignit à lui suivi de ses cinq cens Thraces. Leur marche fut si bien concertée, si

Dio. l. 41.
p. 177.
Cæsar l. 3. p.
m. 542.

Cæsar. Ibid.

H ij

prompte & fi fecréte, que Caffius eut l'ennemi fur les
bras avant que d'avoir le tems de fe mettre en défenfe :
il fe fauva par la fuite, mais ce ne fut pas fans avoir
perdu une partie de fes troupes, comme nous l'affure
Dion, moins fufpect en cette occafion que Cæfar qui
ne parle que de la retraite de Caffius fans dire un mot
de fa défaite.

Mais la valeur des foldats de Sadalès ne peut empê-
cher Pompée de fuccomber enfin à la bataille de Phar-
fale. Lorfque ce Romain illuftre fut forcé dans fon camp,
les Thraces le défendirent mieux que fes propres troupes. Après la victoire Cæfar ufa de rigueur envers les
Romains qui avoient fuivi le parti de Pompée ; mais il
pardonna facilement aux divers princes qui lui avoient
fourni des troupes auxiliaires. Sadalès qui affifta à ce
combat, & qui attaqua des premiers, fut un de ceux
que Cæfar loua de leur fidélité aux intérêts de Pompée.

Dio. Ibid.
p. 185.

L'an de R. 711.

Quelques années après, Sadalès mourut fans enfans.
Il laiffa fes états au peuple Romain. Brutus qui étoit
en Macédoine, à la tête d'une armée, & qui faififfoit
les occafions de fe fortifier & de réfifter toujours mieux
à Augufte & à Antoine, s'empara du royaume de Sadalès. Il punit les Beffes qui avoient traverfé fes deffeins ;
fit des conquêtes dans la Macédoine ; prit le titre *d'im-
perator* que les foldats donnoient fouvent à leurs généraux ; & après tous ces fuccès, fit frapper les médailles
qui nous reftent, où il eft repréfenté comme le vengeur
de la liberté de Rome, ϰỳ ἐς τὰ νομίσματα ἃ ἐκόπτετο
εἰκόνα τε αὐτῶ ϰỳ πίλιον ξιφίδια τε δύο ἐνετύπου. *Et in num-
mis quicudebantur, imaginem fuam & pileum, & pugio-
nes duo fignavit.* (pl. I. n°. 10. pl. II. n°. 1.) Brutus

Dio. l. 47.

avoit d'abord reçu, dans un tems où il ne pouvoit pas
fournir aux frais de la guerre, des fommes confiderables
de Polémocratie veuve d'un chef de quelques Thraces, *Appia. L. II.*
que fes ennemis avoient fait périr. Cette princeffe vint *cit. l. l. 4.*
offrir fes trefors à Brutus, & demanda fa protection pour *Dio. Ibid.*
un fils qui étoit dans l'enfance.

Lorfque les Beffes furent foumis, Brutus fut très bien
fecondé par les Thraces que Rhefcuporis commandoit.
Dion ne dit pas de quelle province étoient ces Thraces
auxiliaires, mais un paffage d'Appien dans lequel il y a *l. 4 Bell. civ.*
une legere correction à faire, nous apprend qu'ils étoient *p. 1013 Edit.*
Sapéens. On y voit que les généraux que Cæfar en- *Amftel.*
voyoit en Thrace, parvinrent aux détrois des Torpides
& des Sapéens, qui étoient du royaume de Rhefcupo-
ris. Il y a dans le texte ταλαπαίων, mais il faut lire fans *p. 1058.*
doute σαπαίων Sapéens, comme ce mot eft écrit plus
bas dans le même livre. On ne connoît point de Thraces appellés Salapéens, au lieu qu'il eft parlé dans Strabon & dans Etienne de Byfance des Sapéens. Ainfi le
Rhefcuporis de Dion eft le même prince qui eft nommé dans Appien, & le même encore dont il eft fait mention dans un paffage de Cæfar où il eft dit que Rafcipo- *De Bell. civ*
lis mena de Macédoine au fecours de Pompée deux cens *l. 3.*
cavaliers d'une valeur éprouvée ; par le mot de Macédoine il faut entendre les parties de la Thrace qui confi-
noient à cette province.

Ces paffages réunis prouvent que les villes maritimes de Thrace dont les Sapéens faifoient partie, avoient
remis fur le trône des princes de leur nation, depuis
Cherfoblepte un de leurs rois précédens que Philippe
de Macédoine avoit foumis. Les invafions & la retraite

des Gaulois avoient donné lieu à ces nouveaux changemens. A l'égard des Torpides qui font nommés dans
le paffage d'Appien, c'eft quelque tribu des Thraces
dont aucun autre auteur ne fait mention.

Appien nous apprend encore que ce Rhæfcuporis
avoit un frere nommé Rhæfcus ; que le premier fervit
utilement Brutus & Caffius, & que le fecond s'attacha
à Augufte & à Antoine. Ce fut par politique qu'ils prirent un parti oppofé. Ils previrent que l'un des deux
obtiendroit du vainqueur le pardon de fon frere. En
effet, Rhæfcus qui fut d'un grand fecours à Antoine
& à Augufte, n'eût pas de peine à fauver Rhæfcuporis qui abandonna Brutus peu avant fa défaite. Je reviens aux rois Odryfes.

Appia. Ibid.
Dio. Ibid.

On découvrit il y a quelques années une médaille qui
parut d'abord très difficile à expliquer. Mais M. de
Boze qui joint à la plus grande expérience cette faga-
cité qui pourroit en tenir lieu, jugea par le goût de la fabrique qu'elle avoit été frappée pour le roi Sadalès, &
recueillit pour fruit de cette heureufe explication le
plaifir d'acquerir cette médaille jufqu'à préfent unique &
de la mettre au cabinet du Roi. On y voit d'un côté la
tête de Sadalès avec le diadême. Au revers un aigle
avec ces mots. . ΣΙΛΕΩΣ. . ΔΑΛΟΥ. c'eft à dire ΒΑΣΙ-
ΛΕΩΣ ΣΑΔΑΛΟΥ. (pl. II. n°. 2.) Quoiqu'on pût ab-
folument l'attribuer à Sadalès I. Je me fuis déterminé
à la rapporter à Sadalès II. parce que l'aigle qu'on voit
au revers femble défigner plus particuliérement les
grandes liaifons que ce dernier prince avoit avec les
Romains.

ADALLAS.

Dion ne nous dit pas qui fut roi des Thraces après la défaite & la mort de Brutus. On voit dans Plutar-que un Adallas roi de Thrace, parmi les princes qui prirent le parti d'Antoine. Dans l'énumération que Dion fait des troupes d'Antoine, les Thraces ne sont pas ou-bliés, mais celui qui les commandoit n'est point nom-mé. J'aurois cru que l'Adallas de Plutarque n'est pas un prince différent de Sadalès II. si ce dernier n'étoit mort plusieurs années auparavant, suivant le témoigna-ge de Dion qui est précis. Ainsi il y a lieu de penser qu'Adallas (ou plutôt Sadalas, qu'on pourroit appel-ler Sadalès III.) avoit été fait roi de Thrace par An-toine. Mais il ne jouit pas long tems de ce royaume : car Auguste, après la bataille d'Actium, dépouilla de leurs états tous les rois qu'Antoine avoit faits. (p)

Les arrangemens qu'Auguste fit dans la Thrace, oc-casionnérent des troubles. Il y envoya Crassus qui sou-mit la plûpart de ces peuples. Les Odryses se présen-térent désarmés : Crassus les reçut favorablement, & ayant privé les Besses de quelques terres consacrées à Bacchus, il les donna aux Odryses qui honoroient prin-cipalement ce Dieu de Thrace.

Vie d'Antoine p. m. 1728.

l. 47.

Dio, l. 51.

Ibid.

(p) Plutarque qui dans la vie d'Antoine nomme Adallas roi de Thrace, parle à la fin de ses Apo-phlegmes (*Apoph. Augusti.*) de Rhæmetalcès qui avoit quitté le par-ti d'Antoine pour passer à celui d'Au-guste, qui dit à cette occasion, *qu'il aimoit la trahison, mais qu'il ne louoit pas les traitres.* Ainsi il paroit qu'il y avoit plus d'un prince Thrace dans les troupes d'Antoine.

C O T Y S I V.

l. 54. p. 534.

I L eſt facile de découvrir dans un paſſage de Dion , que Cotys fut fait roi des Odryſes par Auguſte. On y voit que Lollius vint en Thrace donner du ſecours à Rhæmetalcès oncle & tuteur des enfans de Cotys ; & que les Beſſes qui s'étoient révoltés furent ſoumis. Nous avons déja vû qu'Auguſte dépoſa les princes qu'Antoine avoit établis ; & qu'il envoya Craſſus pour appaiſer les troubles que ces changemens avoient excités. Il y a toute apparence qu'Auguſte donna en même tems un roi aux Thraces ; & que ce fut Cotys I V. qui mourut bientôt & dont Dion parle à l'endroit que je viens de citer. Les ſecours envoyés aux jeunes princes , ou à leur tuteur, montrent aſſez que leur pere étoit mort roi de Thrace.'

R H Œ M E T A L C E S I.

Tuteur des enfans de Cotys, & après leur mort ,

Roi de Thrace. *L'an* 16. *av. J. C.*

Plutarq. vie de Romulus & Apoph.

C Otys I V. laiſſa en mourant deux fils en bas âge , Rhæſcuporis & un prince qui n'eſt pas nommé , dont Rhœmetalcès leur oncle fut tuteur. Ce prince eſt ſans doute le même Rhœmetalcès qui avoit abandonné le parti d'Antoine pour celui d'Auguſte. Les Beſſes ſe révoltérent pendant cette minorité : mais Lollius vint

au

au fecours de Rhœmetalcès (q) & les rebelles furent foumis. Quelques années après, Vologeze Thrace Beffe, & prêtre de Bacchus, fit foulever, à la faveur de quelques cérémonies de religion, plufieurs Thraces, & fe mit à leur tête. On en vint aux mains : l'avantage fut pour Vologèze : il battit & tua Rhefcuporis un des jeunes princes. Rhœmetalcès abandonné de fes troupes qui croyoient que les Dieux étoient favorables à Vologèze, prit la fuite vers la Cherfonèfe, & fut pourfuivi par Vologèze qui y fit beaucoup de dégât. Pifon qui commandoit pour les Romains dans la Pamphylie, eut ordre de marcher contre les Thraces. A fon approche les Beffes fe retirérent chez eux : Pifon les fuivit & n'eut pas la fupériorité dans le premier combat ; mais les feconds efforts furent plus heureux. Les Beffes furent battus : tout le pays fut foumis, & Pifon mérita les honneurs du triomphe. Nous avons plufieurs vers fur fa victoire, dans les Anthologies grecques imprimées & manufcrites, dont Antipater poëte fort attaché à Pifon, eft l'auteur. M. Boivin les a publiés dans une favante differtation qu'on peut voir au fecond volume des Mémoires de l'Académie des Belles Lettres.

Après que les Beffes eurent été foumis, Rhœmetalcès fut rétabli & il prit le titre de Roi, comme on voit fur plufieurs médailles de ce prince ; ce qui prouve que fon autre neveu dont nous ignorons le nom étoit mort. Rhœmetalcès regna encore plufieurs années. Secondé de fon frere Rhefcuporis, il fervit les Romains dans

L'an de Rome. 743.
Ibid. p. 545.

Patercul. l. 2. c. 112.

(q) On prétend (Maffon, Jani templum referatum & Hiftoire de la République des lettres t. 2. p. 218.) que le nom de Lollius eft corrompu dans ce paffage de Dion, & que le général qui donna du fecours à Rhœmetalcès, avoit un autre nom. Je n'entre pas dans cette difcuffion qui ne fait rien à mon fujet.

Dio p. 568.

les guerres de Pannonie & de Dalmatie, l'an de Rome 759.

Voy. t. 3. p. 196.

Une infcription rapportée par Spon, nous apprend que les Athéniens avoient fait l'honneur à Rhœmetalcès de le nommer premier Archonte. Nous ne favons pas les raifons d'une diftinction fi marquée, mais on ne peut que les fuppofer extrêmement glorieufes à ce prince. Les Athéniens qui pendant quelques fiécles n'avoient jamais admis des étrangers à cette dignité, n'interrompirent dans la fuite cet ufage qu'en faveur des hommes illuftres, & de quelques Empereurs dont les noms paroiffent dans leurs faftes. Une autre infcription appelle Rhœmetalcès, *Caius julius Rhœmetalcès ;* Le roi de Thrace ne peut avoir porté ces noms que par la permiffion expreffe d'Augufte, ce qui fuppofe des liens d'amitié entre ces deux princes. Les médailles de Rhœmetalcès fur lefquelles on voit toujours la tête d'Augufte, peuvent également fervir de preuve ; ainfi il ne faut pas conclure du bon mot d'Augufte, que Plutarque nous a confervé, que Rhœmetalcès ne fe fut rendu très digne de l'amitié de l'Empereur.

Fabretti. p. 439.

Apoph. ubi fupra.

A la mort de Rhœmetalcès, Augufte partagea la Thrace entre Rhefcuporis, & Cotys ; le premier frere le fecond fils de Rhœmetalcès.

Voici les médailles de Rhœmetalcès qui ont été publiées par Seguin, Patin & quelques autres antiquaires. (pl. II. n°. 3. 4. 5. 6.)

Selectt. Num. Num. med. &c.

La premiere repréfente d'un côté la tête d'Augufte fans couronne avec ces mots ΚΑΙΣΑΡΟΣ ΣΕΒΑΣΤΟΥ. Au revers, la tête de Rhœmetalcès, autour de laquelle on lit ΒΑΣΙΛΕΩΣ ΡΟΙΜΗΤΑΛΚΟΥ. Elle eft au cabinet du Roi. On la trouve auſſi avec le capricorne devant la tête d'Auguſte.

La deuxiéme a d'un côté la même tête d'Auguſte, & au revers, la tête de Rhœmetalcès & celle de ſa femme, ou de ſon fils Cotys. Les legendes ſont les mêmes que dans la précédente ; elle eſt au cabinet du Roi & dans celui de M. le Préſident de Cotte qui joint à une très belle ſuite de médailles de moyen bronze, le goût & les connoiſſances qui en rendent l'étude agréable & utile.

La troiſiéme repréſente d'un côté les têtes d'Auguſte & de Livie, devant leſquelles eſt un capricorne appuyant les pieds ſur un globe. Au revers les mêmes têtes que dans celle qui précéde, & les mêmes légendes. Elle eſt auſſi au cabinet du Roi, avec cette différence que ſur la tête de Rhœmetalcès eſt une contremarque dans laquelle il y a deux lettres qui paroiſſent être un B. & un A. comme dans la médaille qui ſuit.

La quatriéme dont on m'a envoyé le deſſein, a d'un côté Auguſte & Livie, avec le capricorne, ainſi que dans celle qui précéde. Au revers, les têtes de Rhœmetalcès & de ſa femme, devant leſquelles eſt une petite tête qui eſt peut être celle de Cotys leur fils ; & que Seguin & Patin, qui ont cité la même médaille du cabinet du grand Duc, croyoient être la tête de Venus à laquelle la famille des Jules rapportoit ſon origine. Les légendes ſont les mêmes ; & on y voit auſſi la contremarque avec les lettres B. A. (r)

(r) Havercamp, *médailles de la Reine Chriſtine pag.* 297. dit que les têtes que l'on voit ſur le côté de la médaille où on lit POIMHTAΛKOT ΒΑΣΙΛΕΩΣ ſont celles d'Auguſte & de Livie. Je ne ſai pas les raiſons qu'il en donne dans un ouvrage auquel il renvoye, & qui n'a pas été imprimé. Mais outre que cette répétition de têtes, eſt inutile, & peu commune,

La médaille qui fuit (n°. 7.) n'a jamais été publiée:
D'un côté on voit une corne d'abondance, une haste &
le capricorne avec le globe, & le mot ΣΕΒΑΣΤΟΥ. Au
revers, une chaife curulle, ou un trône, devant lequel est
une haste, avec le mot ΡΟΙΜΗΤΑΛΚΟΥ. El'e est chez le
Roi, où il y en a un autre qui ne différe de celle ci que
par les lettres B. A. qu'on voit dans le champ, du côté
où est le nom de Rhœmetalcès.

Il ne paroît pas difficile d'expliquer cette médaille.
La corne d'abondance se rapporte au regne florissant
d'Augufte : la haste est une marque de commandement :
& le capricorne a été expliqué plus d'une fois. La chaife
curulle & la haste font des fymboles de fouveraineté que
les Empereurs envoyoient aux princes alliés, comme
nous le verrons encore fous les rois du Bofphore.

Les médailles de Rhœmetalcès qu'on vient de voir ;
les précédentes de Seuthès III. de Lyfimaque & de
Sadalès que j'ai rapportées ; & celles qui fuivront de
Cotys V. & de Rhœmetalcès II. font les feules qui font
venues à ma connoiffance : mais je ne doute pas qu'on
n'en découvre d'autres dans la fuite, qui font encore
dans les entrailles de la terre, ou qui restent inconnues
dans quelque cabinet. Il y en a plufieurs que Seguin,
Patin, Spanheim & d'autres auteurs, ont attribuées à des
rois de Thrace, & qui appartiennent à des rois du Bofphore : on les trouvera toutes à leur place, dans l'hiftoire de ces rois auxquels j'ai cru devoir les restituer.
Pour n'avoir pas distingué les médailles des royaumes
de Thrace & du Bofphore, on a été obligé d'imaginer

on s'apperçoit de plufieurs différen- || la chofe est incertaine & de peu con-
ces dans les phyfionomies : au fond || féquence.

plufieurs fyftêmes qui fe détruifent mutuellement. C'eft
ce qui eft arrivé au favant Spanheim. Il y a beaucoup
de confufion dans tout ce qu'il dit des rois du Bofphore
& de Thrace. Il n'a pas même été exact dans l'ufage
qu'il a fait du témoignage de quelques anciens. Il dit
que Cotys I V. roi de Thrace, qui avoit fuivi le parti
d'Antoine, fut confirmé dans fon royaume par Augufte.
Cela n'eft dans aucun ancien ; mais on lit dans Dien
qu'Augufte laiffa le royaume du Bofphore, à Polémon I.
qui avoit été attaché à Antoine. Il attribue encore à un
roi de Thrace, ce que Strabon rapporte de Polémon
I I. fils de Pythodoris reine du Pont.

On auroit répandu un plus grand jour fur l'hiftoire des
rois du Bofphore & de Thrace, fi on n'avoit pas fouvent confondu les médailles des uns & des autres. Dès
que la diftinction exacte n'en eft pas faite, une feule médaille qui fe trouve déplacée, dérange l'ordre & jette
dans de nouvelles incertitudes. Ce qui a mis furtout de
la confufion dans les recherches de Seguin, de Spanheim, & de quelques autres auteurs, c'eft qu'ils ont
attribué à des rois de Thrace, des médailles des rois du
Bofphore qui ont des époques. Ce principe établi, il
falloit remonter au commencement de l'Ere fuivie fur
ces médailles, & fe former un fyftême. Mais il étoit difficile qu'un fyftême qui n'avoit pour fondement qu'une
Ere attribuée fans preuves à telle ou telle monarchie,
ne fut bientôt détruit par de nouvelles médailles, ou par
le témoignage des auteurs anciens. C'eft précifement ce
qui eft arrivé, & ce qui a arrêté Spanheim qui forme des
objections & des doutes qu'il ne peut réfoudre. Les
noms de Cotys, Rhefcuporis, Rhœmetalcès qui font

Diff. tome 1.
p. 500.

Ibid. p. 502.

Strab. l. 12.

Ibid.

communs aux deux royaumes , ont beaucoup contribué à jetter dans l'erreur. Il eſt certain que les Thraces
ne marquoient aucune époque ſur leurs médailles :
toutes celles ſur leſquelles on en voit , ſont du Boſphore. Conformément à cette idée , j'ai formé la ſuite
des rois du Boſphore , & je ne connois aucunes de
leurs médailles qui n'ait trouvé ſa place , ou qui ait
troublé l'ordre que j'ai établi. Cet ordre a même été
confirmé par le petit nombre des témoignages des anciens qui nous reſtent ſur ces rois. Après cet arrangement des rois du Boſphore , ceux de Thrace étoient
plus faciles à connoître & à diſtinguer ; & il ſera aiſé
de fixer le rang des médailles de ces rois que l'on pourra découvrir dans la ſuite.

Il eſt naturel de croire que les Thraces ne marquoient
aucune Ere ſur leurs médailles , puiſqu'on ne voit point
d'époques ſur celles qui appartiennent inconteſtable-
ment à des rois Thraces. Nous avons vû la médaille de
Seuthès III. celles de Lyſimaque ; la médaille nouvellement découverte de Sadalès II. & enfin celle de
Rhemetalcès. Il n'y a aucune époque ſur toutes ces
médailles. Il eſt plus que vraiſemblable , que ſi les
Thraces avoient ſuivi une Ere qu'ils euſſent été en uſage
de marquer ſur leurs monnoyes , nous la trouverions
ſur quelqu'unes de ces médailles , principalement parmi le grand nombre de celles qui nous reſtent de Lyſimaque. Cependant les lettres que l'on trouve ſur pluſieurs de ſes médailles ne déſignent que les noms des
villes qui les ont fait frapper , ou des officiers prepoſés
à la fabrication de la monnoye ; & quand on voudroit abſolument les regarder comme des lettres numérales ,

il eſt certain qu'elles ne déſigneroient que l'année du regne : elles ne pourroient jamais convenir avec les époques qu'on voit ſur différentes médailles qui appartiennent véritablement au Boſphore, mais qu'on a fauſſement attribuées aux rois de Thrace ; parce que les noms de Cotys & de Rheſcuporis ont été communs aux rois de ces deux royaumes. Je ſai que des peuples qui ſuivoient une Ere, faiſoient frapper quelquefois des médailles, où cette Ere n'étoit pas marquée : c'eſt ce qu'on trouve à l'égard de la Syrie & de l'Egypte : mais le nombre de leurs médailles où l'Ere eſt marquée, excéde celui où elle n'eſt pas exprimée ; au lieu qu'il faudroit ſuppoſer ici, que les médailles de Seuthès, de Lyſimaque, de Sadalès, de Rhœmetalcès, ſur leſquelles les époques étoient marquées, ne nous ſont pas parvenues, & qu'il ne nous reſte préciſement que celles où l'on a négligé de les graver ; ce qui n'eſt nullement vraiſemblable, ſurtout à l'égard de celles de Lyſimaque qui ſont en ſi grand nombre. On ſait qu'il y avoit pluſieurs royaumes qui ne marquoient point d'Ere ſur leurs médailles. Il n'y a point d'époque ſur les médailles de Macédoine, qui ſe rapporte à une Ere ſuivie dans le royaume. Il en eſt de même des rois de Commagène, de Pergame, de Carie & de quelques autres. Ainſi je crois qu'il ne faut pas chercher d'époque ſur les médailles des rois de Thrace, & que celles qui en ont une, avec les têtes de Cotys, de Rheſcuporis & d'autres princes, appartiennent à la ſuite des rois du Boſphore.

Après cette digreſſion néceſſaire, je reprens la ſuite des rois de Thrace.

COTYS V. ET RHESCUPORIS

Rois de Thrace,

L'an de Rome 760. le 7e. de J.C. (s)

Tacit. Ann.
t. 2. c. 61.
Strab. l. 12.

C Es deux princes regnérent en même tems dans la
Thrace. Cotys, qui avoit le caractère & les
mœurs extrêmement douces, & que Strabon appelle
prince des Sapéens, fut roi des lieux cultivés & fertiles,

p. 300. Ed. St. & des villes voisines de la Grèce. C'est à lui qu'Antipater s'adresse dans l'épigramme qu'on lit au quatriéme
livre de l'Anthologie. Si nous en croyons le poëte,
Cotys étoit un prince accompli. Il étoit comparable
à Jupiter, à Mars & à Apollon, & réunissoit les grandes qualités qui caractérisent ces divinités. Mais les témoignages des poëtes qui encensent les rois ne doivent
pas servir de mémoires à ceux qui écrivent l'histoire. (t)

t. 2. Epit. 9. Cotys joignoit à la douceur des mœurs, la connois-
sance des belles lettres. Parmi les Epîtres qu'Ovide écrivit du lieu de son exil, il y en a une adressée à Cotys,
dans laquelle ce prince est dépeint comme un homme

(s) Nous n'avons pas la date pré-
cise du partage de la Thrace entre
ces deux princes ; mais en la fixant
à l'an 760. je ne saurois m'éloigner
beaucoup de la vérité. On ne peut
le placer plutôt, puisque nous avons
vû que Rhœmetalcès vivoit encore en
759. & l'on ne doit pas le mettre
long tems après, puisqu'Ovide adresse une élégie à Cotys roi de Thrace,
& que ce poëte fut exilé l'an 762. Il

y a lieu de croire que cette élégie est
de la premiere année de son exil.
(t) Les Epigrammes d'Antipater
pour Pison, dont j'ai parlé ci-devant
montrent assez que c'est à Cotys V.
que parle Antipater. Mais le nom
de Cotys, qui finit l'Epigramme,
n'auroit pas suffi à en déterminer le
tems, puisqu'il y a eu plusieurs Cotys.
(*Mem. de l'Acad. des belles lettres.*
vol. 2.)

confommé

confommé dans l'étude, & comme un poëte diftingué.
Ovide exilé dans les terres du roi de Thrace, lui demande fon fecours & fon appui : il tâche de fe le rendre
favorable, en lui prodiguant des louanges fur l'ancienneté de fon origine, fur fon courage, fur la douceur de
fes mœurs, & enfin fur les qualités fupérieures de fon
efprit. Il ne manque pas d'obferver que la culture des
lettres contribue à adoucir les mœurs.

> *Adde, quod ingenuas didiciffe feliciter artes,*
> *Emollit mores, nec finit effe feros.*
> *Nec regum quifquam magis eft inftructus ab illis,*
> *Mitibus aut ftudiis tempora plura dedit.*
> *Carmina teftantur ; quæ, fi tua nomina demas*
> *Thrëicium juvenem compofuiffe negem.*
> *Neue fub hoc tractu vates foret unicus Orpheus ;*
> *Biftonis ingenio terra fuperba tua eft.*

Quand il y auroit quelque chofe à rabattre des éloges
d'Ovide ; il paroît toujours certain que Cotys étoit un
prince recommandable par fon efprit & par fes mœurs.

Rhefcuporis étoit d'un caractère très oppofé à celui
de Cotys. C'étoit un prince rempli d'ambition & de
férocité : il eut les campagnes arides ou défertes de la
Thrace, & les lieux voifins des peuples portés à la révolte. Il y eut d'abord entre les deux rois une union fi-
mulée. Mais Rhefcuporis franchit bientôt les limites
de fon empire : il fit des incurfions fur les terres de Cotys, & le menaça d'une guerre ouverte. Il ufoit pourtant de quelque ménagement fous le regne d'Augufte
de qui il tenoit fon royaume, & dont il craignoit la
vengeance. Mais dès qu'il apprit la mort de cet Empe-

K

reur, il ne garda plus aucune mefure ; il fit faire le dégât fur les terres de fon neveu, & la guerre fut décla-
rée.

Tibere, qui s'attachoit à conferver la paix dans l'empire , fit dire aux rois de Thrace qu'il leur défendoit
d'avoir recours aux armes pour décider leur querelle.
Cotys obéit , & congédia les troupes qu'il avoit prépa-
rées. Rhefcuporis feignit de mettre bas les armes, & fit
propofer à Cotys une entrevue pour terminer leurs différens. Ils convinrent du lieu, s'y rendirent & les conditions furent d'abord acceptées , parceque Cotys ap-
portoit beaucoup de facilité, & que Rhefcuporis favoit
que le piége qu'il tendoit , lui reftitueroit bientôt tout ce
qu'il accordoit. Le traité fut fuivi d'un feftin , au milieu
duquel Rhefcuporis fit charger de chaînes Cotys qui n'a-
voit pas foupçonné un pareil traitement , & qui recla-
moit envain les droits de l'hofpitalité & les Dieux de la
nation. Après cette trahifon , Rhefcuporis s'empara du
royaume de Cotys, & écrivit à Tibère, qu'ayant appris que fon neveu confpiroit contre lui , il avoit été
obligé de le prévenir. Tibère lui répondit , *qu'il n'a-*
voit rien à craindre s'il n'étoit point coupable ; que le Sénat
ne décideroit pas fur cette affaire , fans en avoir pris con-
noiffance : qu'il falloit remettre Cotys aux Romains , & ve-
nir fe juftifier. La lettre de Tibère fut portée par ceux
entre les mains de qui Cotys devoit être remis. Rhefcuporis faifi de crainte & de fureur, voulut achever le
crime qu'il avoit commencé. Il fit tuer Cotys , & publia
qu'il s'étoit donné la mort. Tibère n'employa pas la
violence : il ufa de diffimulation, & l'officier Romain
qui étoit chargé de fes ordres étant mort, il en envoya

Tacit. Ann.
l. 2. c. 65.

un autre qui étant fort connu de Rhefcuporis, étoit plus propre à le furprendre. En effet, dès que Flaccus fut arrivé en Thrace, il engagea par toute forte de promeffes Rhefcuporis à entrer dans fon camp : là, fous prétexte de lui faire honneur, on lui donna une forte garde qui ne le quittoit pas, & qui le mit enfin dans la néceffité de fe laiffer conduire à Rome.

La femme de Cotys l'avoit prévenu. Elle étoit fille de Pythodoris & de Polémon roi du Pont. On ne fait point fon nom. Une médaille qui a été mal lue a fait dire à Vaillant qu'elle s'appelloit Pythodoris comme fa mere. Cette princeffe accufa en plein Sénat Rhefcuporis ; il fut convaincu & condamné à une prifon perpétuelle. On l'envoya à Alexandrie, où s'étant de nouveau rendu coupable, il fut mis à mort.

J'attribue à Cotys V. la médaille que Patin a publiée dans fon édition de Suetone, où le graveur a mis ΚΟΤΙΣ au lieu de ΚΟΤΥΣ qui fe lit fur une pareille médaille de mon cabinet, qui eft en moyen bronze (pl. II. n°. 8.) Au cabinet du Roi, il y a une médaille de ce prince, en petit bronze, qui ne différe de celle de Patin que par le type du revers. (n°. 9.)

La premiere repréfente d'un côté la tête de Cotys avec ces mots ΒΑΣΙΛΕΥΣ ΚΟΤΥΣ & de l'autre côté une victoire, & cette légende : ΒΑΣΙΛΕΩΣ ΡΑΣΚΟΥΠΟΡΙΔΟΣ. (u) Dans celle du Roi on voit la même tête & la même légende, mais au revers, c'eft un trophée : quoique l'infcription ne foit pas bien lifible, on découvre ΒΑΣΙΛΕΩΣ ΡΑΣ... & s'il reftoit quelque doute

Sueton in Tiber. Patercul.

Strab. l. 12, p. 556.

Rois du Bofp. p. 235. Science des med. ed. 1739.

Tacit. An. 2, c. 67. Patercul. l 2. c. 129.

p. 172.

(u) Dans le Mufeo Theupolo (p. 1240.) cette médaille eft dé- | crite un peu différemment.

fur cette leçon , il feroit aifé de le diffiper en obfervant
que dans un manufcrit de M. de Peirefc confervé dans
le magnifique cabinet de M. de Boze on trouve
une médaille femblable à celle du Roi & fur le revers
de laquelle M. de Peirefc , ou celui qui lui en avoit envoyé la defcription avoit lû ΒΑΣΙΛΕΩΣ ΡΑΣΚΟΥΠΟ-
ΡΕΩΣ , au lieu de ΒΑΣΙΛΕΩΣ ΡΑΣΚΟΥΠΟΡΙΔΟΣ.

Il me paroît que ces médailles ne peuvent avoir été
frappées que dans la Thrace , & qu'elles ne conviennent
qu'à Cotys V. puifque ce n'eft que fous fon regne qu'un
autre roi nommé Rhefcuporis a commandé dans une
partie de la Thrace. Nous avons vû que ces deux princes vêcurent d'abord en bonne intelligence. C'eft apparemment dans ce tems là qu'ils eurent quelque guerre
commune à foutenir dans laquelle ils remportérent la
victoire. Cotys femble dans le revers de cette médaille en céder l'honneur à Rhefcuporis : peut être que
Rhefcuporis faifoit le même facrifice à fon neveu dans
la monnoye qu'il faifoit frapper pour fon royaume. Dans
les louanges qu'Ovide prodigue à Cotys , la valeur n'eft
point oubliée : le poëte avoit peut être en vue les fuccès
qui paroiffent exprimés fur cette médaille : c'eft une
raifon de plus de l'attribuer à Cotys V.

Dans le cabinet du prince Electoral de Saxe , il y a
une médaille finguliere qui porte le nom de Cotys , &
qui n'a jamais été publiée. M. Richter Confeiller de la
cour de fa Majefté Polonoife , connu par des differta-
tions favantes , & à qui le foin de ce cabinet eft confié ,
a eu la bonté de m'en envoyer le deffein. Je la fais graver ici avec plaifir , parce que je la regarde comme une
des plus rares médailles de rois que nous connoiffions.
(pl. II. n°. 10.)

Elle eſt abſolument ſemblable aux médailles d'argent
de l'iſle de Thaſe, que l'on voit dans tous les cabinets
avec la légende ΗΡΑΚΛΕΟΥΣ ΣΩΤΗΡΟΣ ΘΑΣΙΩΝ. Les
types ſont les mêmes : la tête de Bacchus d'un côté,
& Hercu'e debout de l'autre. Mais au lieu de l'inſcrip-
tion qu'on vient de voir, il y a ΧΑΡΑΚΤΗ . . ΚΟΤΥΟΣ.
Il eſt certain qu'il faut ſuppléer à la fin du premier mot
la lettre Ρ. qui a diſparu. Χαρακτήρ dans les léxiques
anciens & modernes, *Cyrille*, *H. Etienne*, & les autres
ſignifie *nota impreſſa*, *imago*, empreinte, repréſen-
tation ſur la monnoye ; & conſéquemment c'eſt la même choſe que *nummus*, *moneta* ; ainſi ſans avoir recours
à de vaines conjectures, je traduis tout ſimplement ΧΑ-
ΡΑΚΤΗΡ ΚΟΤΥΟΣ *nummus Cotyis*, ou *moneta Cotyis*, ce
qui eſt encore plus analogue aux légendes d'une infinité de médailles, au revers deſquelles on lit *moneta aug.*
moneta cæſ. moneta urbis.

Il n'y a nulle difficulté à attribuer cette médaille à la
Thrace, puiſque l'iſle de Thaſe faiſoit partie de ce royaume. Mais j'avoue que ce n'eſt que par conjecture que
je la crois frappée ſous Cotys V. plutôt que ſous les
rois précédens du même nom. C'eſt à ceux qui pourront
examiner la médaille même, & la comparer avec les
différentes piéces qui nous reſtent, & qui ont été frappées dans cette iſle, à déterminer ſi elle porte le caractère du ſiécle de Cotys V. ou de quelqu'un de ſes prédéceſſeurs. Comme Cotys V. eſt un roi de Thrace auquel on a prodigué le plus d'éloges, j'ai cru en voyant
le nom de Cotys ſur une médaille qui repréſente Bacchus & Hercule, les deux principales divinités de
Thaſe, que c'étoit ici une eſpéce de conſentement que

le peuple de cette iſle donnoit aux grandes loüanges & aux magnifiques comparaiſons d'Ovide & d'Antipater.

RHŒMETALCES II. & les fils de Cotys V.

L'an 772. de Rome 19. de J. C.

LA Thrace fut partagée entre Rhœmetalces, fils de Rheſcuporis, qui n'avoit pas trempé dans le crime de ſon pere, & les fils de Cotys qui étoient encore jeunes & dont le royaume fut gouverné par Treb.

Tacit. Ann. l. 3. c. 38. Rufus, en qualité de tuteur. (*x*) Les Thraces également mécontens de Rhœmetalcès & de Rufus, firent *An. l. 4. c. 46.* des mouvemens qui furent bientôt appaiſés. Quelques années après, il y eut encore des troubles dans leſ*Dio. l. 54.* quels Rhœmetalcès ſervit utilement les Romains.

L'an de Rome 791. Caligula réunit les deux royaumes ſous un ſeul prince. Il donna la petite Arménie à Cotys ; & Rhœmetalcès reſta ſeul roi de Thrace. On ne ſait point les raiſons de ce changement. Cet état ſubſiſta juſqu'à la mort de Rhœmetalcès qui fut tué par ſa propre femme, vers l'an de Rome 800. c'eſt la chro*p. m. 65.* nique d'Euſebe qui nous a conſervé cet événement.

(*x*) Il ſe peut qu'il n'y ait eu qu'un fils de Cotys qui ait été roi de Thrace & qu'il faille lire dans Tacite, *liberum* au lieu de *liberos*. Il eſt vrai que Cotys avoit eu pluſieurs enfans de ſa femme : mais Strabon (l. 12.) ne parle que d'un roi de Thrace, & dit Ῥυσχεελὶ δ' ὲ πρϛετέρϛτϛϛ αὐτϛϛ. Dion nous apprend que ce fils s'appelloit Cotys, comme ſon pere. Dans un autre en-droit du même auteur, où il eſt dit que Caligula donna à Rhœmetalcès, la partie de la Thrace où commandoit Cotys, on ne voit pas que ce prince fut en partage du royaume de Thrace, avec quelqu'un de ſes freres. Ainſi il y a lieu de croire que Tacite n'a pas cu des mémoires bien exacts ; ou que quelque copiſte a écrit *liberos* au lieu de *liberum*.

Les Thraces se révoltèrent dans cette occasion : l'Empereur Claude les soumit & réduisit le royaume en province Romaine.

On ne connoissoit point de médailles de Rhœmetalcès II. J'en ai découvert une qui paroît pour la première fois, & qui est entre les mains de M. de l'Isle de l'Académie des Sciences. (pl. II. n°. 11.) ΓΑ. ... ΜΑΝΙΚΩ ΣΕΒΑΣΤΩ. D'un côté la tête de Caligula qui avoit établi Rhœmetalcès seul roi de Thrace. Au revers une figure assise, & une autre debout, avec.... ΤΣ ΡΟΙ ΜΙΤΑΛΚΑΣ... Rhœmetalces. La médaille est un peu frustie , & on ne distingue pas bien ce que font ces deux figures, mais il y a toute apparence que c'est Rhœmetalcès qui reçoit de la part de l'Empereur, le Diadême , ou quelqu'autre marque de souveraineté.

Le passage d'Eusebe, ou des compilateurs de sa chronique , est le seul témoignage qui nous reste sur la fin du royaume de Thrace. George Syncelle place également cette révolution sous Claude : mais il n'est que le copiste d'Eusebe. On voudroit infirmer l'autorité de ce dernier , parce qu'on lit dans Suétone , que ce fut sous Vespasien que la Thrace fut réduite en province. Mais on prétend que dans ce passage de Suétone , il faut lire *Thracœam Ciliciam* , au lieu de *Thraciam Ciliciam*. Il est probable que des copistes peu savans , connoissant bien mieux la Thrace, que l'épithète *Thracœa* qu'on donnoit à une partie de la Cilicie, auront cru faire une découverte en écrivant *Thracia* au lieu de *Thracœa* , & en séparant *Thracia* de *Cilicia* , par une virgule. C'est un point de critique qui n'est pas fort intéressant, & qu'on ne pourroit décider qu'à la faveur des manuscrits de

p. 3384.

In Vespa. c. 8.

Suétone, très anciens & de bonne main. Mais comme ceux qui ont ces qualités, peuvent avoir été faits fur d'autres qui ne les avoient pas, les doutes fubfiftent toujours : ils ont été autorifés par ce qu'on lit dans quelques auteurs, des changemens & des divifions que Vefpafien fit dans la Thrace. On peut voir Scaliger fur Eufebe ; les commentateurs de Suétone ; Tillemont, & quelques autres. Cependant je fuis du fentiment de ceux qui croyent que c'eft fous Claude que la Thrace devint province Romaine : c'eft la raifon qui me fait finir ici l'hiftoire des rois de cette nation.

F I N.

SUITE

Pl. 1.

ROIS DE THRACE.

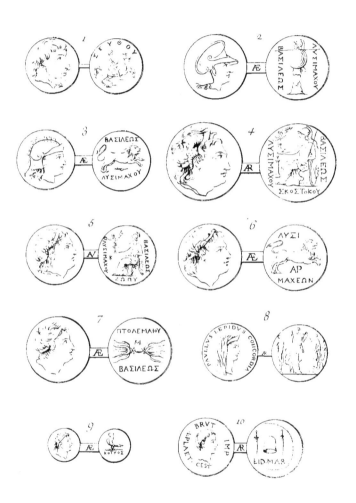

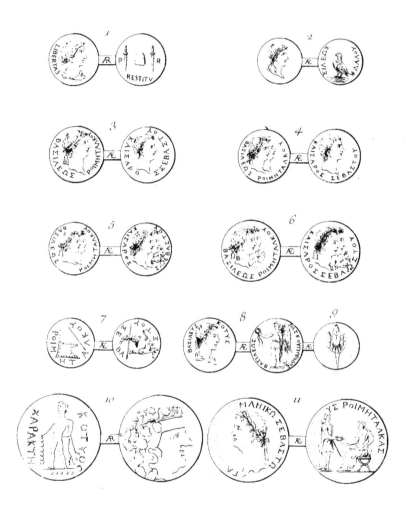

HISTOIRE
DES ROIS
D U
BOSPHORE CIMMERIEN·

AVERTISSEMENT.

LORSQUE je publiai, il y a quelques années, une differtation fur les rois du Bofphore *A Paris.* 1744. Cimmérien, à l'occafion d'une médaille d'un de ces rois qui n'avoit pas paru, je ne connoiffois pas plufieurs médailles de ces princes qui ont été découvertes depuis, & qui m'ont fait changer de fentiment. Spanheim, Seguin & les auteurs qui en ont rapporté quelques unes, n'en ont point affez difcuté les époques, & n'ont pas réuni fous un feul point de vue toutes celles que l'on connoiffoit alors, pour en former une efpéce de fuite. Vaillant a laiffé fur cette ma- *Hiſtoria Reg. Boſphori.* tiére un ouvrage qu'on a publié après fa mort, dans lequel il s'eft fait un fyftême pour expliquer les époques que l'on voit fur ces médailles. Le perè Souciet, dans une differtation fur les *Paris.* 1736. rois du Bofphore, combattit le fentiment de Vaillant, & en propofa un nouveau : de l'examen que je fis de l'un & de l'autre, réfulta une opinion qui me parut fouffrir moins de difficulté

que les autres, Je fis part de ma differtation à
des gens de lettres qui m'envoyérent la defcription de plufieurs médailles qui répandent de nouvelles lumiéres fur la fuite de ces princes. J'en
ai conféré les différentes époques, & j'ai fait des
recherches qui m'ont conduit à un nouveau fyftême dans lequel je crois entrevoir des dégrés de
certitude auxquels il me paroît qu'on n'étoit
pas parvenu. J'efpere que les médailles du Bofphore qu'on pourra découvrir dans la fuite ne
dérangeront point l'ordre que j'ai établi, &
qu'elles confirmeront au contraire celles qui
m'ont fervi de point d'appui.

On ne doit pas être furpris de voir des va-
riations & des fentimens différens les uns des
autres, fi l'on fait réflexion qu'il s'agit d'une
hiftoire fur laquelle les anciens nous ont laiffé
bien peu de mémoires. Les écrivains Grecs, ou
Romains regardoient les princes du Bofphore
comme des barbares; il les ont à peine nommés felon qu'ils avoient quelque part à l'hiftoire
générale. Je ne connois que Trogue Pompée
qui avoit écrit les origines & les faits des rois
du Bofphore Cimmérien; mais cet ouvrage eft
perdu. Nous n'avons donc que de foibles fe-

Trogi hift.
Prolog. 57.

cours & les paſſages qui nous reſtent ſont rare-
ment accompagnés de remarques chronologi-
ques. Les anciens étoient à cet égard bien moins
ſcrupuleux que nous ; ſoit que loin de s'aſſujettir
à fixer des dattes, ils ne viſſent dans l'hiſtoire que
la ſcience du gouvernement, la diſcipline mili-
taire & les loix qui rendoient le citoyen fidéle à ſa
patrie & à ſes devoirs ; ſoit que leurs hiſtoriens
plus voiſins des événemens ayent moins craint la
confuſion des tems, & qu'ils n'ayent pas aſſez ſen-
ti les avantages de l'ordre chronologique. Quoiqu'il en ſoit, ils ſe ſont ſouvent diſpenſés de cette
eſpéce d'exactitude. Ainſi il ne faut pas s'attendre
à dreſſer les Dynaſties de ces rois avec autant de
facilité & de certitude que l'on forme la ſuite des
Empereurs Romains ou des autres princes fameux
dans l'hiſtoire. Pour connoître des peuples qui fi-
xoient les yeux de l'univers, nous avons une foule
d'écrivains qui s'aident mutuellement ; mais pour
l'hiſtoire de ces états peu puiſſans, & qui ne four-
niſſent pas de grands événemens, nous ſommes
réduits à quelques paſſages iſolés & ſouvent obſ-
curs;& à des médailles dont il eſt d'autant plus difficile de déterminer la datte, que l'Empereur que
l'on y voit n'eſt point nommé ; que le roi du Boſ-

phore qui eft au revers, porte un nom qui eft commun à plufieurs princes ; & que l'époque qui eft
marquée fur ces médailles ne nous apprend rien
fi nous ignorons en quelle année doit commencer l'Ere que le Bofphore a fuivie. A travers ces
incertitudes, il n'eft pas étonnant que les premiers effais foient infructueux. Ce n'eft que par
la réunion des piéces que le tems a épargneés ,
qu'on peut en fait d'antiquité prouver ou appuyer
fon fentiment. Vaillant nous auroit donné fans
doute une fuite des rois du Bofphore fort différente de celle qu'il nous a laiffée , s'il avoit vû les
médailles qui ont été découvertes dans ces derniers tems ; & je n'aurois pas fait des efforts inuti-
les lorfque j'écrivis la première fois fur ces rois ,
fi ces médailles étoient alors venues à ma connoiffance. Dans l'étude de l'Antiquité & de la
Phyfique, les découvertes & les nouvelles expé-
riences expofent à des retractations , il faut s'y
foumettre, & ne pas rougir d'une erreur qui conduit à la vérité. Il eft également avantageux aux
fciences & à ceux qui les cultivent , que les progrès foient fucceffifs ; ainfi les efforts réïtérés &
réunis perfectionnent les arts ; & ceux qui les ai-
ment efpérent toujours de contribuer à leur gloire.

DISSERTATION

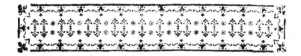

SUITE

DES

ROIS DE THRACE·

L

Fin de la Table.

MEDAILLES

DES

ROIS DE THRACE.

DISSERTATION.

PRELIMINAIRE

SUR

L'ERE DU BOSPHORE.

E s époques que l'on voit fur les médailles des rois du Bofphore, ont jufqu'à préfent fait naître bien des difficultés dans l'efprit de ceux qui ont tâché de découvrir à quelle Ere appartiennent ces époques, & en quelle année cette Ere doit commencer. *Notes fur les médailles de Segrin.* Vaillant l'avoit d'abord fixée à l'an de Rome 453. mais dans la fuite il changea de fentiment, & après avoir *Numif. Imp. pp. 130. 157. Edit. de 1692.* retranché du nombre des rois du Bofphore, les médailles de Sauromate, à l'occafion defquelles il avoit propofé fa premiere opinion ; il établit que Cotys, de la famille des rois de Thrace étant devenu roi du Bofphore introduifit dans ce royaume l'Ere de Thrace *Hift. des rois du Bofphore.* qui, felon Vaillant, commençoit l'an de Rome 330.

A

mais ce fentiment n'eft fondé que fur des conjectures :
car nous ne fommes pas certains que ce Cotys que
nous connoiffons fous le nom de Cotys I. roi du Bofphore , foit Thrace d'origine , & fuppofé que cela foit ,
il ne s'enfuit pas que le Bofphore ait adopté l'Ere de
Thrace : la raifon d'ancienneté, que Vaillant fait valoir , ne devoit pas le déterminer , puifque le royaume
du Bofphore étoit auffi ancien que celui de Thrace.
On lui a encore oppofé que l'Ere de Thrace devroit
naturellement commencer avec le fondateur du royaume , quelques années avant l'an de Rome 330. plutôt
qu'au troifiéme roi de cette monarchie. Il faut de plus
obferver que les Thraces n'ayant jamais marqué aucune Ere fur leur monnoye , on ne fauroit fixer le tems
précis où commençoit celle qu'ils fuivoient dans leurs
calculs. Enfin on verra par ce que je dirai dans la fuite ,
que le fyftéme de Vaillant ne peut pas fe foutenir.

Le Pere Hardouin , a ignoré qu'il y eut des médailles du Bofphore , ou n'a pas voulu reconnoître des rois
particuliers de cette nation. Il met les Cotys , les Rhefcuporis , & les autres princes du Bofphore au nombre
des rois du Pont : peut-être qu'il penfoit que le royaume du Pont s'étendoit jufqu'au Bofphore. Quoiqu'il
en foit , il dit que l'Ere du Pont avoit commencé l'an
de Rome 456. Son fentiment , à cet égard, différe très
peu du mien , mais nous avons pris pour l'établir des
routes bien différentes ; fes raifons fe détruifent d'elles
mêmes : on peut en voir la réfutation dans Spanheim
qui après avoir rapporté le fentiment de divers auteurs ,
& avoir cité plufieurs médailles du Bofphore , s'eft
contenté de faire des objections & n'a pris aucun
parti.

*Chronol. Vet.
Tom. p. 5. 1.
Num. Ant. p.
139.*

*Diff. Vol. 1.
p. 484.*

Haym, dans son *Tesoro Britanico*, dit, en parlant de
l'Ere du Bosphore, *ma bisogna infallibilmente stabilire
che cominciasse ab V. C.* 458. comme il ne donne pas les
raisons de son sentiment, je ne puis pas juger de la
force de ses preuves.

tom. 2. p. 53.

Enfin le P. Souciet a proposé dans sa dissertation sur
les rois du Bosphore, un nouveau système qui me paroît
très éloigné de la vérité. Je ne répéterai pas ici tout ce
que j'en ai dit dans ma première dissertation ; cela me
meneroit trop loin.

Paris 1736. 4°.

Lorsque j'écrivis en 1744. sur les rois du Bosphore,
je crus qu'il étoit naturel, que l'Ere d'un royaume
commençât avec le fondateur de la monarchie ; &
comme il me sembloit que les époques des médailles
du Bosphore, pouvoient s'expliquer conformément à
cette idée, je proposai une opinion dans laquelle je
voyois de la vraisemblance : mais il y a encore loin du
vraisemblable au vrai. On m'a communiqué depuis
un nombre assez considérable de médailles des rois du
Bosphore nouvellement découvertes, qui m'ont fait
faire d'autres recherches : & après avoir étudié ce point
de critique, autant qu'il m'a été possible, j'ai cru voir
que l'Ere du Bosphore doit commencer l'an de Rome
457. Je vais à présent donner mes raisons & mes preuves, qui ne seront presque fondées que sur les médailles
qui nous restent, & qui me paroissent par là moins con-
testables. Deux médailles d'or des rois du Bosphore,
qui se sont heureusement réunies dans le beau cabinet
de M. Pellerin à Paris, me parurent décisives pour fixer les doutes sur le commencement de l'Ere du Bosphore. (Voyez la planche I I. n°. 9. & n°. 12.)

A ij

Ces deux médailles , dont l'une eft de Cotys II. &
l'autre de Rhœmetalcès fon fucceffeur, font de la même
année : on voit fur l'une & fur l'autre la tête d'Hadrien
avec ces lettres HKϒ (4 28.) par là nous fommes affurés que dans cette année 428. de l'Ere du Bofphore ;
Cotys II. eft mort, & que Rhœmetalcès lui a fuccédé.
Il ne reftoit donc plus qu'à avoir la datte de la mort de
Cotys , pour remonter de là à la premiere année du
Bofphore. Arrien dans fon *Périple du Pont Euxin* , apprend à l'Empereur Hadrien, à qui il envoye fon ouvrage, la mort de Cotys. Ce Périple a été écrit , à ce
Diff. fur Arr. que Dodwell a cru , & tous les favans après lui, vers
à la tête des pe- l'an 20. du régne d'Hadrien. Arrien y parle de la mort
tits Geograph. de Cotys , comme d'un événement très récent ; ainfi
cette mort doit être arrivée environ l'an 19. d'Hadrien,
qui eft la 888-889. de Rome ; fi on retranche de l'une
de fes années les 428. qui font fur les médailles qu'on
vient de voir , il refte l'année 460. ou 461. de Rome ,
où a dû commencer l'Ere du Bofphore. Ce calcul fort
fimple , paroît extrêmement jufte ; je m'y arrêtai , & je
crus qu'il feroit confirmé par les médailles frappées
après celles que je viens de citer. Mais une médaille de
ce même Rhœmetalcès fucceffeur de Cotys II. le déran-
geoit abfolument. Elle eft au cabinet de M. Pellerin.
(pl. III. n°. 1.)

Cette médaille repréfente d'un côté Rhœmetalcès ,
& au revers la tête d'Hadrien, avec l'époque ΓΛϒ (43 3.)
Suivant le calcul que je viens de faire, cette année 433.
tombe dans l'année de Rome 894. mais dans cette année Hadrien n'étoit plus Empereur ; il étoit mort depuis
près de trois ans. Cette difficulté , déja bien confidéra-

ble, me parut encore plus forte, lorfque je vis qu'elle fe
rencontroit à l'égard de plufieurs médailles, qui avoient
également des époques, qui ne pouvoient pas coinci-
der avec le regne des Empereurs qui y étoient repréfentés. La feule façon de répondre à cette objection,
c'étoit de reculer la mort de Cotys, & de la mettre
quelques années avant la mort d'Hadrien.

Nous n'avons aucun témoignage ancien, qui fixe
cette mort dans la 19e. année d'Hadrien ; c'eft Dod-   *Ibid.*
well, qui dans une favante differtation fur Arrien, a
cru avoir des preuves certaines que *le Périple du Pont*,
a été écrit dans la 20e. année d'Hadrien, & que la mort
de Cotys eft arrivée dans ce tems là. Il a donc fallu
pefer les raifons de Dodwell, pour voir s'il n'y avoit
rien à repliquer : jufqu'à prefent fon fentiment a été
fuivi fans être difcuté ; mais je me fuis trouvé dans la
néceffité de l'examiner & de m'engager dans une difcuffion que je mets ici tout de fuite, parce qu'elle fait
partie effentielle de cette differtation.

SUR L'ANNÉE
En laquelle Arrien a écrit fon Périple du Pont.

Il n'y a rien dans le *Périple du Pont* d'Arrien qui
puiffe déterminer précifément le tems auquel il a été
écrit. Dodwell l'a pourtant fixé à la 20e. année d'Hadrien. Il fe fonde principalement fur ce qu'Arrien
gouverneur de la Cappadoce, arrêta les mouvemens
des Alains excités par Pharafmane roi d'Iberie. Il prou-
ve que cette révolte arriva l'an 20. d'Hadrien, con-   *liv. 69.*
formément au témoignage de Dion, qui dit qu'elle fui-

vit la guerre des Juifs. Or cette derniere guerre dura
trois ans : Eusèbe nous apprend qu'elle commença l'an
17. d'Hadrien. Elle étoit dans sa plus grande force l'an
18. elle finit l an 19. ainsi les mouvemens des Alains
ne peuvent être que de l'an 20. On voit dans Dion que
ce fut Arrien qui commandoit dans la Cappadoce, qui
par des apprêts de guerre intimida les Alains ; & nous
avons encore une partie de l'écrit d'Arrien, qui contient l'énumération & l'ordre des troupes destinées contre ce peuple. Il n'appartenoit qu'au Gouverneur de la
Province de faire faire l'exercice aux troupes ; de les
payer ; de leur faire distribuer des vivres : c'est ce que
faisoit Arrien dans les villes où il passoit , comme il le
dit à Hadrien à qui il adresse ce Périple du Pont ; ainsi
l'auteur du Périple est le même qui commandoit dans la
Cappadoce & qui repoussa les Alains vers l'an 20. d'Hadrien. Enfin il nous reste un autre ouvrage d'Arrien ,
c'est sa *Tactique* , à la fin duquel il nous apprend qu'Hadrien étoit alors dans la 20e. année de son regne. Ces
considérations , & bien d'autres qu'on peut voir dans la
dissertation de Dodwell , & que je ne rapporte pas
parce qu'elles sont beaucoup moins décisives , ont déterminé ce savant Anglois à penser que le Périple du
Pont a été écrit dans la 20e. année d'Hadrien ; & tout
semble en effet concourir à le prouver : cependant après
avoir réfléchi sur les preuves de Dodwell , j'ai cru être
fondé à n'être pas de son avis.

J'ai déja dit , qu'il n'y a rien dans cet ouvrage d'Arrien qui détermine précisément le tems auquel l'auteur
le composa. Ceux qui , à l'occasion de Cotys dont Arrien annonce la mort à Hadrien , ont écrit que cette

mort arriva l'an 19. ou 20. du regne de ce prince, ne
font fondés que fur la differtation de Dodwell. Mais je
trouve qu'il y a dans cet écrit d'Arrien de quoi faire
penfer qu'il eft antérieur à la 20e. année d'Hadrien. Je   *p. 1. Edit.*
                                                            Oxon.
fuis furpris de voir qu'Arrien, en parlant de Pharafmane ne dife rien de fa révolte & des mouvemens qu'il ex-
cita chez les Alains; il ne paroît pas négliger d'annoncer à l'Empereur de pareils événemens : une ligne plus
haut, il nomme les Sannes qui refufoient de payer le
tribut qu'ils devoient aux Romains, & qu'il promet de
réduire à l'obéïffance. Comme on peut répondre que
Pharafmane n'avoit pas encore fait révolter les Alains,
je ne ferai pas valoir le filence d'Arrien. Mais je m'arrête principalement à l'objection que fournit la variété
& le nombre d'ouvrages ou de voyages, qu'il faut
qu'Arrien ait fait dans cette 20e. année d'Hadrien.

Si nous admettons que l'Empereur l'ait nommé Gouverneur de la Cappadoce dans l'année 20. il faut qu'Arrien foit venu dans cette Province; qu'il ait enfuite vi-
fité toutes les côtes du Pont Euxin (car on voit qu'il   *Periple p. 5.*
eft parti de Trébizonde dans le deffein de faire ce voya-
ge) ce qui demandoit d'autant plus de tems, que le
vent contraire le retenoit quelquefois plufieurs jours
dans une ville. Il s'occupoit dans les lieux où il y avoit *pag. 3.*
des troupes, à des fonctions militaires. Il vifitoit les
divers ouvrages dont on fe fortifioit alors; il rendoit   *pag. 6.*
enfuite compte de tout à l'Empereur, par des lettres la-
tines qu'il lui envoyoit. Enfin fon voyage étant fi i, il
en écrivit la relation qui nous refte, & qu'il adreffa à
Hadrien. C'eft dans cette année 20e. d'Hadrien qu'il
doit avoir appris la révolte de Pharafmane & les mou-

vemens des Alains ; c'eſt alors qu'il leva des troupes ;
qu'il ſe mit à leur tête, & qu'il marcha contre ces barbares : ſon approche & l'ordonnance de ſes ſoldats in-
timidérent les Alains, & cette guerre n'eut pas de ſuite.
Arrien écrivit depuis le morceau qui nous reſte impar-
fait de ſon *expédition contre les Alains*. C'eſt encore
dans cette 20. année d'Hadrien, qu'il compoſa ſa *Tac-*
tique, qui eſt un ouvrage aſſez conſidérable, & qui vraiſemblablement n'a pas été fait ſur une mer orageuſe, ou
dans le tumulte d'un camp : c'eſt le ſeul écrit d'Arrien
ſur la datte duquel nous ayons de la certitude ; il n'eſt
pas douteux qu'il eſt de la 20e. année du regne d'Hadrien ; Arrien nous l'apprend lui même, comme je l'ai
déja dit.

En ſuivant le ſentiment de Dodwell, voici tout ce
qu'il faut qu'Arrien ait fait dans cette 20e. année d'Hadrien. 1°. Achever le voyage de Rome à Trebizonde ;
& prendre poſſeſſion de ſon Gouvernement. 2°. Par-
courir les côtes du Pont Euxin ; viſiter les villes qui
étoient de la Province de Cappadoce, & en exercer
les troupes. 3°. Lever une armée, marcher contre les
Alains ; & compoſer les trois ouvrages dont nous avons
parlé : c'eſt à dire ſon *Périple*, ſa *Tactique* & celui qui
contient la diſpoſition de ſes troupes contre les Alains.
Il eſt preſque impoſſible que toutes ces marches, &
tous ces écrits ſoient de la même année. Dodwell n'y
a pas fait aſſez d'attention. Il a été entraîné par le témoignage des auteurs qui fixent dans la 20e. année
d'Hadrien l'expédition d'Arrien gouverneur dans la
Cappadoce contre les Alains ; & comme il voyoit d'une
part dans le Périple qu'Arrien faiſoit en Cappadoce les
fonctions

fonctions de gouverneur, & qu'il favoit d'ailleurs que les provinces en changeoient communément toutes les années ; il a conclu naturellement que ces chofes fe font paffées dans le même tems, c'eft à dire dans la 20ᵉ. année d'Hadrien ; mais je ne crois pas qu'on foit obligé de preffer fi fort les événemens.

Il faut confidérer qu'il n'y a point de liaifon nécef-faire entre le voyage d'Arrien dans la mer du Pont, & fon expédition contre les Alains. Il étoit gouverneur quand il leva des troupes contre Pharafmane & les A-lains : mais quelle affurance avons nous qu'il ne com-mandoit pas en Cappadoce quelques années auparavant lorfqu'il écrivoit fon Périple : les gouverneurs, dans ce tems là , avoient fouvent le commandement plufieurs années de fuite ; fur tout dans les provinces où ils étoient envoyés par l'Empereur. La Cappadoce étoit de la nomination de l'Empereur à double titre : foit parce qu'elle avoit eu des rois , foit parce qu'elle étoit réduite alors en Province Romaine. Ce ne fut que lors du partage des provinces , fous Augufte, en provinces du Senat, & en provinces de l'Empereur , que l'on fut exact à envoyer tous les ans de nouveaux commandans dans les provinces ; mais dans la fuite , lorfque l'auto-rité des Romains étoit affermie dans les provinces éloi-gnées , un gouverneur dont on étoit content à Rome , commandoit plufieurs années dans la même province. Antonin qui fuccéda à Hadrien , les laiffoit durant dix ans dans leur gouvernement & quelquefois ne leur donnoit jamais de fucceffeurs. Arrien peut donc avoir été gouverneur de la Cappadoce pendant plufieurs an-nées, & il n'y a pas de néceffité à borner fon adminif-

Dion l. 35. *p.* 505.

Strab. l. 17.

Capitol in Anton.

B

tration à la 20e. année d'Hadrien. Il se peut aussi qu'il
eut fait quelques années auparavant le tour du Pont
Euxin, chargé d'une commission d'Hadrien, en qualité
de son légat ou comme lieutenant du gouverneur de
Cappadoce ; car les gouverneurs avoient des lieutenans, & les Empereurs envoyoient quelquefois, outre
les gouverneurs nommés, des officiers chargés d'exécu-
ter des ordres particuliers.

Dion l. 53.

Je me fixe avec d'autant de plus raison à cette idée,
que je vois qu'Hadrien vint vers la 15e. année de son
regne en Cappadoce ; il fit des changemens dans les
officiers qui commandoient. Arrien qui vivoit à Rome
auprès d'Hadrien, ainsi que bien d'autres Philosophes
que ce prince avoit attirés à sa cour, suivit apparemment l'Empereur dans ce voyage : Hadrien, qui
l'aimoit, & qui l'avoit comblé de bienfaits, le chargea
vraisemblablement de faire le tour du Pont Euxin, avec
le titre de son Légat, ou du moins avec une autorité qui
lui donnoit le pouvoir dans les villes de Cappadoce où
il passoit, d'exercer les troupes & de pourvoir à leur
entretien. On voit en effet, qu'Arrien ne voyageoit pas
comme un simple particulier, & qu'il avoit plusieurs
vaisseaux à sa suite. Il acheva le tour du Pont Euxin,
& il en fit la rélation (*a*) qu'il adressa à l'Empereur, &
qui nous est restée en entier.

Spartian in Hadri.

Perip. p. 3.

Perip. p. 5.

(*a*) Le Périple d'Arrien est divisé
en trois parties. Dans la premiere
Arrien décrit ou nomme les lieux
où il aborda depuis Trébizonde jusqu'à Dioscuriade. Il n'est pas douteux qu'Arrien n'ait parcouru avec
sa flote toutes les villes dont il parle
dans cette premiere partie. Dans la
deuxiéme il est question des distances des villes situées depuis le Bosphore de Thrace jusqu'à Trébizonde. Dans la troisiéme partie, il s'a-
git des distances depuis Dioscuriade,
en tirant vers le Bosphore Cimmérien, jusqu'au Bosphore de Thrace ; ces trois parties forment le tour
entier du Pont Euxin. On est pas
assuré qu'Arrien ait vû lui mêmetou-

On peut conjecturer que l'Empereur satisfait de la façon dont Arrien avoit exécuté ses ordres, reconnut ses services en le nommant dans la suite gouverneur de la Cappadoce ; supposé qu'il n'eut pas ce gouvernement dans le tems même qu'il écrivit son Périple.

Mais soit qu'il ait été revêtu de cette charge dès lors, ou qu'il ne l'ait été que vers l'an 20. d'Hadrien ; je pense que le Périple a été écrit peu après le tems où Hadrien vint en Cappadoce. Ce prince fit ce voyage vers la 15e. année de son regne. Étant à Trébizonde il parcourut des yeux le Pont Euxin, comme Arrien le dit, dès les premieres lignes de son Périple : ϰ τὴν μὲν θάλασσαν τὴν τῦ Εὐξίνου ἄσμενοι ϰατίδομεν ὅθεν περ ϰ Ξενοφῶν ϰ σύ. C'est alors sans doute que l'Empereur ordonna de faire un port dans cette ville, où il n'y avoit auparavant qu'une rade où les vaisseaux pouvoient rester à l'ancre dans la belle saison : ἐνταῦθα σὺ ποιεῖς λιμένα. Híc tu portum fieri curas. Ces mots disent clairement qu'on faisoit ce port dans le tems qu'Arrien écrivoit son Périple. Nous venons de voir qu'Hadrien étant à Trébizonde, regardoit attentivement le Pont Euxin. Nous savons qu'il vint dans la Cappadoce vers l'an 15. de son regne, & qu'il y choisit une quantité d'esclaves qui devoient suivre son armée, ou qui étoient destinés

Périp. p. 17.

Spartianus.

tes les côtes dont il parle dans la deuxiéme & dans la troisiéme partie. Dodwell croit qu'il ne donne dans ces deux parties, les distances que sur le rapport d'autrui. Cependant il décrit dans la troisiéme partie le temple d'Achille, dans l'isle qui porte son nom, & les ornemens ou les offrandes qui étoient dans ce temple, avec des détails qui annoncent un homme qui a vû de ses propres yeux. Car ce qu'il dit avoir appris des autres, ne regarde que des prodiges qu'il avoit apparemment de la peine à croire. Mais quand il seroit vrai qu'Arrien n'eut visité que les villes du Pont qui étoient de la domination Romaine, cela n'influeroit nullement sur cette dissertation qui n'a pour objet que l'année en laquelle le Périple a été écrit.

au fervice de fes troupes. C'eft à cette année qu'il faut rappor er les médailles de ce prince, avec les revers CAPPADOCIA. & EXERCITUS CAPPADOCICUS. Nous ne voyons pas qu'Hadrien ait fait depuis d'autres voyages dans la Cappadoce. Ainfi il me paroît que toutes ces raifons font plus que fuffifantes pour croire qu'Arrien a écrit fon Périple vers la 15e. ou 16e. année du regne d'Hadrien.

J'ai cru que je ne pouvois me difpenfer d'entrer dans quelques détails, au fujet de la queftion qui regarde l'année en laquelle Arrien a écrit fon Périple, parce que cela faifoit une efpéce de préjugé auquel l'autorité de Dodwell avoit donné lieu. Il a donc falu examiner les preuves de l'auteur Anglois & donner les motifs de mon fentiment.

Il eft très vraifemblable que le Périple n'eft pas de l'an 19. ou 20. d'Hadrien, comme on l'avoit cru, mais de l'an 15. ou 16. cette opinion me paroît établie fur des conjectures affez bien fondées : mais on pourroit les trouver infuffifantes ; il faut chercher de nouvelles preuves dans les médailles ; elles vont nous donner l'année précife de la mort de Cotys, nous indiquer en quel tems Arrien a écrit fon Périple, & nous conduire à la découverte de la véritable année où commence l'Ere du Bofphore.

Vol. 2. p. 53. Dans le *Teforo Britannico* de Haym, il y a une médaille de Sauromate fecond, qui a au revers la tête d'Hadrien avec cette époque ΓΙΥ (413.) rapprochons cette médaille de celle de Rhœmetalcès fucceffeur de Cotys fecond, qui a d'un côté la tête de Rhœmetalcès & au revers celle d'Hadrien avec l'époque ΓΛΥ (433.)

Il y a 21 ans de l'une à l'autre, & ce sont précisément les 21 années du regne d'Hadrien. Il faut donc que la médaille de Sauromate avec l'époque ΓΙΥ (413.) soit de la premiere année du regne d'Hadrien, & que celle de Rhœmetalcès avec l'époque ΓΛΥ (433.) soit de la 21e. & derniere année d'Hadrien ; ces deux médailles se servent mutuellement de preuves, ce font deux points fixes. On ne sauroit avancer ou reculer l'un ou l'autre, sans devancer, ou excéder le regne d'Hadrien : cela est incontestable.

Il est donc certain que l'année 413 du Bosphore répond à la premiere année du regne d'Hadrien. Mais comme les années du regne de ce prince commençoient au mois d'Août, que celles de l'Ere du Bosphore commençoient en automne, suivant l'usage communément reçu en Orient, & que celles de Rome commençoient en Janvier, il faut avoir égard à ces différences & observer que les années de l'Ere du Bosphore répondent à deux années du regne d'Hadrien & que les années d'Hadrien répondent à deux différentes années de Rome. C'est ainsi que l'année 428. de l'Ere du Bosphore, en laquelle Cotys est mort, comme le prouvent les deux médailles frappées dans cette même année pour Cotys & pour Rhœmetalcès son succefleur, répond à la 15e. & à la 16e. d'Hadrien, & que la 15e. du regne d'Hadrien répond à l'an de Rome 884. - 885 ; de sorte que l'année de l'Ere du Bosphore 428. répond à l'an de Rome 884. - 885. Si de l'année de Rome 884., la 428e. de l'Ere du Bosphore, on retrograde & on remonte à la premiere année de cette Ere, on se trouve à l'an de Rome 457. si on y remonte en comptant de l'année.

885, on se trouve à l'an de Rome 458. mais je prouverai bientôt que cette Ere du Bosphore a commencé nécessairement en l'an de Rome 457. ainsi quoique l'an 428. de l'Ere du Bosphore réponde à l'an 15. & 16. du regne d'Hadrien, la mort de Cotys, qui est de cette année du Bosphore 428. doit être arrivée dans les mois de l'année 15e. qui répondent à la 884e. de Rome. Cotys est donc mort dans la 15e. année du regne d'Hadrien ; la 428e. de l'Ere du Bosphore ; la 884e. de Rome ; & le Périple doit être du même tems puisqu'Arrien parle de cette mort comme d'un événement récent, & qu'il dit à l'Empereur à qui il envoye son ouvrage : ἐπὶ δ' ἐπυθόμῳ Κότυν τετελευτηκέναι, τὸν Βασιλέα τῦ Βοσπόεουτῦ Κιμμεείου καλѕμένѕ, ἐπιμελὲς ἐποιησάμην κὴ τὸν μέχει τῦ Βοσπόεѕ πλῦν δηλῶσαι σοι. Ὡς εἴ τι βουλεύοιο περὶ τῦ Βοσπόεѕ, ὑπάεχοι σοι κὴ τόνδε τὸν πλῦν μὴ ἀγτοѕντι βουλεύεσϑαι.

p. 18. edit. Oxon.

Dès que j'ai appris la mort de Cotys roi du Bosphore Cimmérien, je me suis hâté de vous envoyer la rélation du voyage qu'on peut faire par mer jusques dans ce pays, afin que ce royaume vous fût connu, si vous aviez des arrangemens à prendre sur les affaires qui le concernent.

p. 931.

Si on vouloit supposer que la mort de Cotys est de l'année 16e. d'Hadrien, comme cette année ne peut répondre qu'à l'an de Rome 885-886, en remontant de ces années à la premiere de l'Ere du Bosphore, nous nous trouverions aux années de Rome 458. & 459. au lieu qu'on va voir que l'Ere du Bosphore ne peut commencer que l'an de Rome 457.

Une médaille d'or du cabinet Theupolo, qui étoit aussi chez M. l'Abbé de Rothelin, représente d'un côté la tête de Sauromate III. & au revers celle de

Commode avec l'époque ΘΠΥ (489.) Si l'Ere du Bofphore commençoit en l'an de Rome 458. il faudroit
abfolument que l'époque ΘΠΥ (489.) de cette médaille
répondit à l'an de Rome 946. ou 947. mais Commode fut tué le dernier jour de l'an 945. de Rome ; ainfi
on n'avoit pû le repréfenter fur cette médaille , quand
même l'année auroit commencé dans le Bofphore au
printems , puifque du dernier jour de l'an 945. au printems de l'année 946. il y avoit affez de tems pour qu'on
fut la mort de Commode au Bofphore. L'objection
eft encore plus forte en obfervant que dans le Bofphore
l'année commençoit vraifemblablement en automne ,
comme c'étoit l'ufage dans l'Orient. Cette médaille de
Commode eft donc une preuve que l'Ere du Bofphore
ne peut pas commencer en l'an de Rome 458. & qu'il
faut qu'elle commence l'an 457. On ne peut pas la faire
remonter plus haut parce que les médailles d'Hadrien ,
que j'ai rapportées , montrent affez que les doutes diffi-
pés par les médailles de Commode ne regardent que
l'année 457. ou 458. & que l'Ere du Bofphore doit
commencer dans l'une ou dans l'autre.

Les deux médailles d'Ininthimevus & de Rhefcuporis IV. fon fucceffeur viennent à l'appui de ce fentiment. Elles ont toutes deux l'époque ΑΛΦ (531.) &
repréfentent l'une & l'autre la tête d'Alexandre Severe.
Si l Ere du Bofphore commençoit en l'an de Rome 458.
l'époque ΑΛΦ c'eft à dire , l'année 531. de l'Ere du
Bofphore commenceroit dans l'automne de l'an de Rome 988. & finiroit dans l'automne de l'an 989. mais
Alexandre Severe fut tué dans le mois de Mars de l'an
988. on n'auroit donc pas dû le repréfenter fur des

médailles qui dans cette fuppofition auroient été frappées au moins fix mois après fa mort. Ainfi il faut que l'Epoque de ces médailles réponde à l'an de Rome 987-988. dans lefquelles regnoit Alexandre Severe, & par conféquent l Ere du Bofphore doit commencer l'an de Rome 457.

Les médailles du Bofphore qui repréfentent des Empereurs poftérieurs à Alexandre Severe, pourroient nous fournir de nouvelles preuves; mais comme la reffemblance dans les têtes eft d'autant plus incertaine qu'on avance dans le bas Empire, je me difpenfe d'en faire ufage & je penfe que celles dont je me fuis fervi fuffifent pour conftater l'année de la mort de Cotys arrivée la quinziéme année du regne d'Hadrien, & le commencement de l'Ere du Bofphore qui doit être fixé à l'automne de l'an de Rome 457.

Mais il refte une queftion affez effentielle à décider; c'eft de favoir fi cette Ere qui commence en l'an de Rome 457. eft l'Ere du Bofphore, ou fi c'eft l'Ere d'un autre royaume que le Bofphore a adoptée & fuivie.

L'an de Rome 457. en laquelle commence l'Ere du Bofphore, Spartacus IV. prince de la feconde Dynaftie étoit fur le trône. Nous ne favons aucune particularité de fa vie, quoique fon regne ait été affez long. Diodore de Sicile le nomme à peine en nous apprenant qu'il a regné 20 ans & que fes fils lui fuccédérent; fi quelque événement confidérable avoit donné lieu au commencement d'une Ere dans le Bofphore; il n'y a pas apparence que cet hiftorien fi attentif à raconter les faits intéreffans eut négligé d'en parler. Son filence eft

l. 20.

eft une efpéce de preuve que rien n'a donné lieu fous le regne de Spartacus IV. à l'établiffement de l'Ere du Bofphore.

On a cru , & c'eft auffi mon fentiment que le Bof-phore a adopté & fuivi l'Ere du Pont. Il eft très vrai-femblable que Mithridate le grand devenu roi du Bof-phore par la ceffion de Pærifade dernier prince de la fe-conde Dynaftie de ce royaume , y a introduit l'Ere qui étoit fuivie dans fes états du Pont & que le Bofphore l'a adoptée avec d'autant plus de raifon, que par cette adoption, il paroiffoit faire partie d'un royaume floriffant que les exploits de Mithridate rendoient encore plus fa-meux. Ainfi ne trouvant rien dans l'hiftoire du Bofpho-re qui puiffe fervir de fondement à l'établiffement d'une Ere particuliére & la vie de Mithridate le grand nous fourniffant l'époque de la réunion du Bofphore au royau-me du Pont, il eft naturel de fe perfuader que c'eft dans cette occafion que l'Ere du Pont fut introduite dans le Bofphore.

Mais comme il paroît certain que l'Ere du Bofphore commence l'an de Rome 457. fi c'eft la même que celle du Pont, il faut que cette derniere ne commence pas en l'an de Rome 448. comme Vaillant & d'autres l'ont avancé : ou que fi l'Ere du Pont a véritablement com-mencé en l'an 448. l'Ere du Bofphore ne foit pas la mê-me que celle du Pont. Quoique cette difcuffion regarde plutôt le Pont que le Bofphore , & qu'elle fut mieux placée à la tête de la collection des médailles du Pont , à laquelle je pourrai travailler dans la fuite , je propofe-rai ici quelques conjectures qui pourront fervir à déci-der la queftion.

C

Sur quelques médailles des rois du Pont qui ont été publiées par plusieurs auteurs, on voit des époques qui nous apprennent qu'il y avoit une Ere particuliére que l'on suivoit dans ce royaume. Vaillant qui a fait l'histoire de ces rois, a tâché de fixer le commencement de cette Ere, & s'est déterminé pour l'an de Rome 448. Il se fonde sur une médaille de Pharnace, sur laquelle il y a l'époque ZΜΣ (247.) & la lettre Δ. Vaillant croit que cette lettre marque la 4e. année du regne de Pharnace & comme ce prince monta sur le trône l'an de Rome 691. l'an 4 de son regne étoit le 695. de Rome : ainsi en diminuant de ce dernier nombre, celui de 247. qui est sur la médaille de ce roi, il reste l'an de Rome 448. (*b*) Vaillant s'est d'autant plus confirmé dans ce sentiment que c'étoit dans cette année de Rome 448. que regnoit Mithridate II. à qui Strabon, Lucien & Appien, donnent le surnom de κτίϛης, ou de fondateur de royaume. Quoique l'opinion de Vaillant ne manque pas de vraisemblance, si la médaille de Pharnace, sur laquelle il paroît que Vaillant s'appuye uniquement, n'avoit pas été frappée la 4e. année du regne de ce prince, il faudroit avancer ou reculer le commencement de l'Ere du Pont. On conviendra facilement qu'il n'est nullement certain que la lettre Δ. qu'on voit sur la mé-

Reges Ponti.

Stra. l. 12.
p. 562.
Luc. macr.
Appian. bel.
Mithr.

(*b*) Il y a pourtant erreur d'une année dans ce calcul. Car si on remonte de l'an 247. de l'Ere du Pont, à la premiere année de cette Ere, on se trouve à l'an de Rome 449. au lieu de 448. L'erreur vient de ce qu'en ajoûtant à l'an de Rome 448. les 247. de l'Ere du Pont, la premiere année de cette Ere est comptée deux fois; parce qu'elle se trouve dans le nombre 247. & dans celui de 448.

Supposé que l'Ere du Pont commençât l'an 448. de Rome, pour savoir l'année en laquelle tombe la 247e. de cette Ere, il ne faudroit ajoûter que 246. à 448. & on auroit l'an de Rome 694. la véritable année à laquelle devroit répondre l'année 247. de cette Ere. Cette remarque est essentielle & il faut l'avoir présente lorsque l'on calcule de cette façon les époques des médailles.

daille de Pharnace, annonce l'année 4ᵉ. de fon regne,
& l'on peut même affurer que cette lettre indique autre chofe, fi l'on doit juger de fa fignification, par celle
de quelques lettres qui font fur les médailles de Mithridate fon pere ; en effet fur une de ces médailles de l'année ΒΙΣ. 212. de l'Ere du Pont, il y a la lettre ϻ. &
fur un autre de l'année ΒΚΣ. on trouve la lettre Α. Il
eſt bien certain que ces lettres Μ. Α. qui fignifient nu-
méralement 40. & 1. ne peuvent pas défigner l'année
du regne de Mithridate, puifqu'il n'y a que dix années
d'intervalle entre les deux époques ΒΙΣ. ΒΚΣ. & que ce
font plutôt les initiales du nom de la ville où la médaille
a été frappée, ou du nom du graveur, ou du moné-
taire. Je crois qu'on doit penfer la même chofe de la
lettre Δ. qui eſt fur la médaille de Pharnace. Mais voici
des raifons d'un autre genre.

Sur cette médaille que je fais graver après Vaillant,
(pl. I. nᵒ. 3.) Pharnace prend le titre faſtueux de
ΒΑΣΙΛΕΩΣ ΒΑΣΙΛΕΩΝ ΜΕΓΑΛΟΥ ΦΑΡΝΑΚΟΥ.

Il femble que ces noms ne convenoient point à un
prince qui commandoit dans un pays reculé, à des
peuples affez foibles pour avoir recherché l'appui de
fon pere, & lui avoir cédé le royaume afin de l'engager à leur donner du fecours. Après la mort de Mithridate, Pharnace fon fils qui l'avoit trahi, demanda hum-
blement les états du Pont, ou du Bofphore, à Pom- *Appian*
pée, qui lui accorda le dernier. Ce royaume devenu
par là tributaire des Romains, n'augmentoit pas en
puiffance, & je ne vois pas ce qui auroit autorifé Pharnace à s'arroger le fuperbe titre de Roi des Rois ; il
y a plus d'apparence qu'il l'aura pris, après avoir con-

quis ou ufurpé les états de fon pere , & s'être rendu
maître du Pont. Ce qui paroît confirmé par ces paroles de Cæfar. *Pontumque nullo deffendente , paternum*

De bello Al.
p. m. 377.

regnum fe recepiffe glorians , obtinebat. Pharnace s'empara du Pont au commencement de la guerre civile
de Cæfar & de Pompée , c'eft à dire , vers l'an de Rome 703. le 51. avant J. C. On ne voit pas qu'il ait

Dion. Cæfar.
Appian.

fait des mouvemens avant ce tems là ; & fans doute
jufqu'alors il avoit gouverné tranquillement le Bofphore ; mais lorfqu'il crut que les guerres inteftines qui

Cæf. bel. Al.

occupoient les Romains , favoriferoient fes deffeins ;
il fit des incurfions dans la petite Arménie , & dans
la Cappadoce , & s'empara du Pont , où il fe compor-
ta en tyran. Alors roi du Bofphore & maître du Pont
où avoient regné fes ancêtres , il prit le nom faftueux
de Roi des Rois , & fit vraifemblablement frapper la
médaille d'or qui nous refte , & que l'on vient de voir.
Dans cette fuppofition , cette médaille feroit de l'année
de Rome 703. de la 51e. avant J. C. & de la 247e.
de l'Ere du Pont ; ainfi le commencement de cette
Ere ne feroit pas de l'an de Rome 448. comme Vaillant l'a établi , mais de l'an 457. qui eft précifément
l'année en laquelle j'ai montré que commence l'Ere du
Bofphore , qui fe trouve en effet être la même que
celle du Pont. Il eft vrai que cette année n'appartient
pas au regne de Mithridate II. appellé comme nous
avons vû κτίσης. & qu'elle tombe dans celui de fon
fils Mithridate III. Mais comme on fait que Mithridate III. fut pendant long tems tranquille poffeffeur
des états qui lui étoient foumis. ; & qu'il augmenta le
royaume de fon pere de la Cappadoce & de la Paphla-

gonie, il y a apparence que l'Ere du Pont, commença *Diod. l. 20.*
fous ce regne floriffant & paifible, quoique fon pere fût
regardé comme le fondateur du royaume.

Si ces conjectures paroiffent bien fondées, elles con-
firment mon fentiment fur l'année en laquelle commence l'Ere du Bofphore & fervent à montrer en même
tems, que cette Ere, qui étoit celle du Pont, étoit commune aux deux royaumes.

LES ROIS

D U

BOSPHORE CIMMERIEN.

E Bosphore Cimmérien est un royaume qui a subsisté pendant plusieurs siécles. Cet état n'étant pas bien considérable excitoit peu la jaloufie des autres rois , & par sa situation il n'étoit point tant exposé à être le theâtre de la guerre , que les Perses, les Grecs & les Romains portérent successivement en Asie. Ainsi il ne devenoit pas l'objet des conquêtes des Grecs , ou des barbares ; & il ne paroît pas qu'il soit entré dans le partage des successeurs d'Alexandre. Dès le 3e. siécle de Rome , il avoit ses rois , & depuis ce tems jusqu'à Constantin le Grand , nous trouvons des princes du Bosphore , de façon que cette monarchie a duré au moins 800. ans.

Il eſt appellé Cimmérien , de Cimméris ancienne ville bâtie ſur la côte d'Aſie , qui ne ſubſiſtoit plus du tems de Strabon. Ce nom fut donné à tout le royaume & le canal appellé aujourd'hui *le détroit de Caffa* , fut nommé le Boſphore Cimmérien. (c) Il diviſoit le royaume en deux parties , ſituées l'une en Europe l'autre en Aſie. Panticapée étoit la capitale de la premiere , & Phanagore qui paroît avoir remplacé l'ancienne Cimméris , étoit la Métropole de la ſeconde. Les Scythes , voiſins de ce royaume, commencérent vers l'an 640.
avant J. C. l'invaſion qu'ils firent en Aſie , par chaſſer les Cimmériens de leurs pays ; ceux ci cotoyérent la petite Aſie, échappérent aux Scythes , & s'emparérent de Sardes, d'où ils furent chaſſés quelques années après. (d) Leur chef les conduiſit en Cilicie où il périt. Les Cimmériens retournérent alors dans leur pays & reprirent le Boſphore ſur les Scythes (e) ; c'eſt vraiſemblablement depuis ce retour dans leur patrie, qu'ils commencérent à avoir une forme de gouvernement qui te-

---

(c) Boſphore vient de πόρος & de βῆς, *trajet de bœuf*, c'eſt à dire , l'eſpace qu'un bœuf peut aiſément traverſer à la nage. Nous diſons aujourd'hui Boſphore , mais il ſeroit plus exaĉt de dire Boſpore. Je ſai qu'en ſuivant une autre étymologie , qui fait venir ce mot de βῆς & de φίςω on devroit dire Boſphore ; mais Hérodote, Diodore de Sicile , Strabon Etienne de Byſance écrivent conſtamment Βόσπορος ; ce dernier au mot Βόσπορος, dit que c'eſt par une tranſpoſition de lettre qu'on a écrit Βοσφόρον.

(d) On pourroit ſoupçonner quelque inexaĉtitude dans le paſſage de Strabon. Il dit (l. 11.) que les Cimmériens firent des incurſions en Aſie; & qu'ils en furent chaſſés par les Grecs. Je crois qu'il s'agit de la priſe de Sardes, dont parle Hérodote. (l. 1.) Mais pour diſculper en quelque façon les Cimmériens, Strabon ne devoit il pas dire que les Scythes les forcérent à chercher un établiſſement ?

(e) Ou obtinrent de ces barbares la permiſſion de s'y établir de nouveau , en leur payant un tribut. Il y a d'autant plus d'apparence que ce ne fut qu'à cette condition , que les Boſphoriens rentrérent chez eux , que les Scythes voulant dans la ſuite exiger un tribut conſidérable , Pæriſade roi du Boſphore , ne pouvant ni les ſatisfaire , ni leur réſiſter , céda ſon royaume à Mithridate le Grand , comme on verra ci après. (Strab. l. 7.)

noit du monarchique : mais on ne peut rien aſſurer. Ce n'eſt que plus de 150. ans après, que nous trouvons dans Diodore de Sicile, des ſouverains du Boſphore, qu'il appelle Archæanaɛ̃ides. Ils forment la Iᵉ. DY-NASTIE ; car le nom d'Archæanaɛ̃ide, qui ſignifie premier chef, ſemble annoncer qu'il n'y avoit pas eu d'autres princes avant eux dans le Boſphore.

liv. 12.

Le regne des Archæanaɛ̃ides, ne dura que 42 anſ. A compter dans Diodore de Sicile par les Conſuls Romains, il avoit commencé vers l'an de Rome 267. ſuivant Varron. Il finit l'an 309.

Diod. Ibid.

I Iᵉ. D Y N A S T I E. (*f*)

SPARTACUS I. qui ſuccéda aux Archæanaɛ̃ides, fut le chef de cette 2ᵉ. Dynaſtie. Il regna environ ſept ans

Séleucus, que l'on croit fils de Spartacus, ſuccéda à ſon pere & regna 4 ans.

Ici la ſuite de ces rois eſt interrompue par un vuide de 20. ans, que l'on trouve dans Diodore de Sicile, le ſeul auteur qui nous ait laiſſé quelques mémoires ſur

(*f*) Je ne ferai que nommer les rois de cette deuxiéme Dynaſtie, fàns m'arrêter aux circonſtances de leur vie que quelques auteurs nous ont conſervées ; je renvois à cet égard à un mémoire de M. de Boze. (*mém. de l'Acad. des bel. lett. Vol. VI.*) qui a mis en œuvre avec tout l'art poſſible ce que les anciens nous ont laiſſé ſur ces princes. J'aurois inutilement tenté d'ajoûter à ce qu'il a écrit à ce ſujet. Il y auroit de l'indiſcrétion à faire uſage de ſes recher-

ches en employant les termes mêmes dont il s'eſt ſervi ; & ſi j'avois voulu en profitant de ſes découvertes me déguiſer & prendre un tour différent du ſien, j'aurois mal connu mes intérêts ; ainſi tout m'engage à indiquer le mémoire de ce ſavant Académicien, à ceux qui voudront ſavoir le peu de faits que nous connoiſſons de la vie de ces princes. On peut joindre à l'ouvrage de M. de Boze, la diſſertation du P. Souciet, (*Paris 1735. 4°.*)

D

l'hiſtoire de ces anciens rois. M. de Boze croit que ce vuide doit être rempli par le regne d'un Spartacus, nommé par Diodore. Le P. Souciet penſe qu'il y a eu pendant ces 20. ans un interregne dans le Boſphore : peut être qu'il auroit été du ſentiment de M. de Boze, ſi cet interregne qu'il ſuppoſe, n'avoit pas ſervi d'appui à l'Ere du Boſphore qu'il vouloit établir. Je ne répéte pas ici les réponſes que j'ai faites aux raiſons du P. Souciet ; parce que d'une part ces diſcuſſions ſont ſouvent plus fatigantes que néceſſaires, & que d'ailleurs ce que j'ai dit dans la diſſertation préliminaire ſur l'Ere du Boſphore, ſuffira pour faire voir ce qu'on doit penſer du ſyſtême du P. Souciet.

S'il faut prendre un parti à l'égard de ce vuide qu'on voit dans Diodore de Sicile, je ne balance pas à ſuivre le ſentiment de M. de Boze, qui fait ſuccéder à Séleucus.

Spartacus II. qui regna environ 20. ans.

Satyrus fils de Spartacus regna 14. ans.

Leucon fils de Satyrus regna 40. ans, il laiſſa pluſieurs fils.

Spartacus III. fils aîné de Leucon, regna 5. ans.

Pæriſade I. ſuccéda à ſon frere Spartacus. C'eſt le ſeul prince de cette 2e. Dynaſtie du Boſphore, dont nous connoiſſions des médailles. Il y en a une en or dans le cabinet du Roi, qui a été publiée par M. de Boze & que j'ai fait graver de nouveau. (pl. I. n°. 1.)

Elle eſt très reſſemblante aux médailles de Lyſimaque, dont Pæriſade fut contemporain. Il paroît par le monograme qu'on voit ſous le ſiége de Pallas, qu'elle a été frappée à Panticapée. Nous ne ſavons de la vie de

ce prince qu'un feul trait que Polyæn nous a confervé ;
c'eft que Pærifade avoit , dans un jour de combat, trois
habits différens , dont il faifoit ufage fuivant les circonftances. Il fe fervoit du premier lorfqu'il rangeoit fon
armée en bataille ; le fecond n'étoit connu que de quelques offic ers ; le troifiéme étoit deftiné à le déguifer ,
au cas qu'il fallût prendre la fuite dans une déroute.

Il y a une obfervation effentielle à faire fur cette médaille , c'eft qu'on n'y voit aucune époque. Il eft très
vraifemblable qu'on n'auroit pas manqué de la mettre
fi le Bofphore avoit eu dès ce tems là une Ere qui eut
été fuivie dans le royaume.

On a des raifons de croire que Satyrus & Corgip-
pus , freres de Pærifade , avoient quelque part dans le
gouvernement ; foit comme lieutenans de Pærifade , foit
comme princes de quelque portion du Bofphore.

Quoiqu'il en foit , Diodore nous apprend que Pærifade regna 38. ans. Il laiffa Satyrus , Eumelus & Pry-
tanis, qui ne s'accordant pas fur la fucceffion de leur
pere , fe firent mutuellement la guerre.

Eumelus devint , par la mort de fes freres, maître du
Bofphore qu'il gouverna pendant 5. ans.

Spartacus IV. fuccéda à fon pere Eumelus, & fut
roi du Bofphore pendant 20. ans Il mourut la quatriéme
année de la 122ᵉ. Olympiade ; l'an de Rome 465. avant
J. C. 289.

Après Spartacus IV. nous ne trouvons plus rien dans
les hiftoriens qui nous font reftés , fur les rois du Bofphore Cimmérien , jufqu'à Pærifade , qui ne pouvant réfifter aux Scythes qui l'inquiétoient , & qui vouloient exiger un tribut plus confidérable que celui que payoient

Strab. l. 7. ſes prédéceſſeurs , appella Mithridate le Grand à ſon ſecours , & lui céda le Boſphore. Ainſi il y a un vuide dans cette ſeconde Dynaſtie du Boſphore, de plus 170. ans , qu'il ne faut pas eſpérer de remplir , excepté que les livres de Diodore de Sicile qui nous manquent , exiſtaſſent encore quelque part.

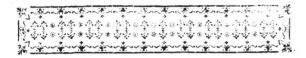

IIIᵉ· DYNASTIE
DES ROIS
DU
BOSPHORE CIMMERIEN·

MITHRIDATE.

L'an de Rome 639. avant J. C. 115.

 ITHRIDATE Eupator, furnommé le Grand
eſt le chef de cette troiſiéme Dynaſtie. Il
devint roi du Boſphore, par la ceſſion de
Pærifade, l'an de Rome 639. avant J. C.
115. car je crois que c'eſt à peu près le tems où Mithridate joignit le royaume du Boſphore à ſes autres états.
Nous voyons en effet dans Juſtin, que c'eſt un de
ſes premiers exploits. Mithridate nâquit l'an de Rome
619. avant J. C. 135. Il ſuccéda à ſon pere dans le Pont,
environ à l'âge de douze ans. Il fut ſept ans à vivre dans
les bois, ou à s'exercer à la chaſſe, pour échapper aux
mauvais deſſeins de ſes tuteurs. Enfin il prit le commandement, ajoûte Juſtin, & penſant à étendre les limites
de ſon empire, il fit la guerre aux Scythes & les défit.

Juſtin. l. 37.

Strabon. l. 7. Strabon, nous apprend que les Scythes font ces barbares contre lesquels Pærisade demanda du secours à Mithridate, il y a bien de l'apparence que c'est dans ce
tems qu'il devint maître du Bosphore ; c'est à dire, vers
l'an avant J. C. 115. qu'il commença à regner dans
le Pont.

Mithridate gouverna le Bosphore par ses lieutenans
jusqu'après la seconde guerre qu'il eut avec les Romains;
alors les peuples de ce royaume se révoltèrent : il mar-
Appian. bell. Mithrid. cha contre eux, les soumit, & leur donna pour roi son
fils Macharès, l'an de Rome 675. avant J. C. 79.

MACHARES commanda dans le Bosphore pen-
dant quatorze ans. Un traité de paix qu'il fit avec Lucullus général des Romains, déplut fort à son pere, qui
se disposa à le punir. Macharès envoya vainement des
ambassadeurs, pour s'excuser sur la nécessité où il s'é-
toit trouvé de faire ce traité : Mithridate fut inexorable
& fit marcher une armée contre lui. Macharès voyant
Appian. ib. qu'il ne pouvoit pas échapper à la colére de son pere,
se tua pour ne pas tomber entre ses mains, l'an de Rome 689. avant J. C. 65. Dion l. 36. & Orose l. 6. disent
que son pere le fit mourir.

Mithridate passa dans le Bosphore où Pompée l'obligea de se retrancher. Enfin dans le tems qu'il rouloit le
dessein d'aller faire la guerre aux Romains, dans Rome
même ; son fils Pharnace le trahit, & il se tua pour ne
Dion. l. 36. pas servir au triomphe de Pompée, l'an de Rome 691,
avant J. C. 63.

Je ne prétens point écrire une vie circonstanciée de
Mithridate & de Pharnace son fils. Je me borne aux
traits principaux, sans copier les détails que l'on trou-

ve dans les auteurs anciens & modernes aufquels je *Appian. Str.*
Juſtin.
Vaillant.
Rollin, Souciet.
renvoye.

Toutes les médailles que nous avons de Mithridate ont vraifemblablement été frappées dans le Pont ; cependant comme elles repréfentent un prince qui a regné dans le Bofphore , je crois qu'il eſt à propos d'en faire graver une , & de renvoyer pour la defcription des autres , aux divers antiquaires qui les ont rapportés. *Hardouin.*
Vaillant.
Gefner. &c.
(pl. I. n°. 2.)

Caput Mithridatis Diademate cinctum. Au revers ΒΑΣΙΛΕΩΣ ΜΙΘΡΑΔΑΤΟΥ ΕΥΠΑΤΟΡΟΣ. *Cervus paſcens hinc ſtella in creſcente lunâ , inde littera* Δ. *in imo monogramma.* En or au cabinet du Roi , & dans celui de M. Pellerin.

PHARNACE.

L'an de Rome 691. avant J. C. 63.

PHARNACE fit favoir à Pompée la mort de Mithridate; il lui envoya le corps de ce prince & plufieurs ôtages pour affurance de fa foumiſſion. (g) Il le pria de lui donner le royaume du Pont , ou celui du Bof-

(g) Appien (*Bell. Mithr.*) dit que Pharnace envoya le corps de Mithridate à Pompée , fur une galère qui alloit à Sinope. Les termes dont il fe fert donnent à entendre que Pompée étoit alors dans cette ville du Pont. Dion (*l.* 36.) ne nomme point l'endroit où Pompée fe trouvoit , lorfqu'on lui préfenta le corps de Mithridate ; mais une page plus haut , il dit que Pompée étoit en Syrie. On lit dans plutarque (*vie de Pompée.*) qu'il étoit en Arabie; & dans Joféphe (*Anti. l.* 14. *c.* 3.) qu'il étoit en Judée. Il eſt facile de concilier ces trois auteurs qui nomment pour ainfi dire le même pays , & il y a toute apparence qu'Appien s'eſt trompé.

Appian.Ibid. phore. Pompée lui accorda le dernier, à l'exception de la ville de Phanagore qu'il voulut rendre libre, pour la récompenfer de s'être révoltée la premiere contre Mithridate.

Dion. Peu content du royaume que Pompée lui avoit donné & d'être devenu l'ami & l'allié des Romains, Pharnace voulut recouvrer les états de fon pere. Il profita de la guerre civile qui s'alluma entre Cæfar & Pompée, & fe flattant que dans ces circonftances, les Romains feroient moins attentifs fur fa conduite, il quitta le Bof-*Hirtius bell. Alex.* phore, laiffa Afandre pour y commander, & s'empara du Pont, où il commit bien des cruautés. Cæfar l'en chaffa & l'obligea de retourner dans le Bofphore, où Afandre fe révolta contre lui, & le fit mourir. Appien qui raconte autrement fa mort, nous apprend qu'il avoit regné fur le Bofphore pendant quinze ans.

Morel, Vaillant, & d'autres auteurs ont publié la médaille fuivante de Pharnace. (pl. I. n°. 3.)

Caput diademate cinctum. Au revers ΒΑΣΙΛΕΩΣ ΒΑΣΙΛΕΩΝ ΜΕΓΑΛΟΥ ΦΑΡΝΑΚΟΥ. ΖΜΣ. Δ. *Apollo fedens dextrâ ramum tenet, finiftrâ lyræ innititur; ad pedes tripus.* En argent dans les rois du Bofphore de Vaillant, & en or dans le *fpecimen* de Morel.

Je crois qu'elle a été frappée dans le Pont, & je n'en connois aucune qui foit proprement du Bofphore. Mais comme Pharnace a gouverné ce dernier royaume pendant 14. ou 15. ans, il n'eft pas vraifemblable que fon nom n'ait pas paru fur la monnoye de ce pays. Ou les piéces frappées dans le Pont étoient communes aux deux royaumes; ou celles qui ont été frappées dans le Bofphore,

phore, ne font pas encore venues jufqu'à nous. Celle qu'on vient de voir, eft de l'an 247. de l'Ere du Pont, qui fut fuivie dans le Bofphore, comme je l'ai dit dans la differtation préliminaire.

Je ne dis rien d'une médaille de Pharnace, que Patin publia dans fes notes fur Suétone, où l'on voit le mot ΟΣΣΑΝ, qui fit naître des doutes & des explications très hazardées. On eft aujourd'hui convenu que cette médaille eft la même que celle qui eft ici gravée ; mais elle fut mal luë, de même que la médaille de Cleopâtre dans laquelle on lit le même mot. Il faut voir là deffus deux lettres de M. de Boze, dans les mémoires de l'Académie des Infcriptions & Belles Lettres.

ASANDRE.

L'an de Rome 706. avant J. C. 48.

A SANDRE regna dans le Bofphore pendant 33. ou 34. ans, foit en qualité d'Ethnarque, foit avec le titre de Roi. Pour le punir de fon invafion, Cæfar avoit d'abord envoyé contre lui, Mithridate de Pergame, à qui il avoit donné le Bofphore ; mais ce dernier fut battu. Afandre eut l'art de fe foutenir ; & Augufte lui accorda dans la fuite le titre de Roi, au lieu de celui d'Ethnarque qu'il prenoit auparavant.

Lucianus in longævis.

Vaillant dit dans fon hiftoire des rois du Bofphore, qu'Afandre étoit contemporain de Pharnace qui avoit trois ans moins que lui. Il cite Lucien où je ne trouve rien de femblable. J'y vois feulement qu'Augufte don-

E

na le titre de Roi à Afandre, que ce dernier quoiqu'âgé de 90. ans ne cedoit en valeur à perfonne foit qu'il fallut combattre à pied ou à cheval, & qu'enfin à l'âge de 93. ans, il se laiſſa mourir de faim, parce que Scribonius avoit été envoyé au Boſphore de la part d'Auguſte pour être à la tête des troupes. Voici les termes de Lucien. Αϭανδρος δὲ ὁ ὑπὸ τῷ Θεοῦ Σεβαϛῷ ἀντὶ εὐναρχⱶ βαπλεὺς ἀναγορευθεὶς Βοσπόρⱶ περὶ ἔτη ὢν ἐνενήκοντα, ἱππομάχων κὶ πεζομάχων ⲟⲩδενὸς ἥϭϭων ἐφανη. ὡς δὲ ἑώρα τⱶς ὑπὸ τῇ μάχῃ Σκριβωνίω προϛιθεμένⱶς, ἀποϭχόμενος σιτίων ἐτελεύτησε, βιοὺς ἔτη τρία κὶ ἐνενήκοντα. Aſander à Divo Auguſto Etnarchæ loco, rex renunciatus Boſpori, annum agens nonageſimum, ſive equeſtri ſive pedeſtri pugna nemini inferior fuit. Ut vero vidiſſet (ab Auguſto) rem militarem Scribonio commiſſam, cibo abſtinens mortuus eſt, annos tres ſupra nonaginta natus.

Ibid.

Nous ne connoiſſons pas aſſez de médailles d'Afandre pour déterminer préciſement le nombre d'années qu'il fut Ethnarque, & le tems auquel il prit le titre de Roi, mais on peut en découvrir dans la ſuite qui donneront de nouvelles lumieres. Car ſi on avoit pluſieurs médailles de ce prince dont les années ſe ſuiviſſent & dont les lettres numérales réunies donnaſſent les 33. années de ſon regne, on verroit par celles dans leſquelles il prenoit le titre d'Ethnarque ou d'Archonte, & par celles où il eſt qualifié de Roi, en quel tems il a été ſucceſſivement revêtu de ces dignités.

Reg. Boſp

Dans l'ouvrage de Vaillant, qui n'a paru qu'après ſa mort, il eſt dit qu'Afandre porta le titre de Roi pendant dix huit ans. C'eſt une conjecture, mais elle n'eſt pas fondée ſur les médailles. Le petit nombre que nous

en avons n'eſt pas ſuffiſant pour établir ce ſentiment ,
& ſi celle qui eſt gravée dans cet ouvrage poſtume de
Vaillant , où le graveur a repréſenté un ıı , l'imprimeur
un Ξ , & qui eſt expliquée comme ſi cette lettre étoit
un ς, ſi cette médaille, dis-je , marque les années
depuis qu'Aſandre prit la qualité de Roi , on ſeroit au-
toriſé à donner la même ſignification , aux lettres ΓΚ.
qui ſont ſur une médaille d'Aſandre du cabinet de M.
le Bret & on auroit alors l'année 23 depuis qu'Aſandre
jouit du titre de Roi , au lieu qu'on lit dans l'ouvrage
de Vaillant qu'il ne le porta que 18 ans. Ainſi je crois
qu'on ne doit rien aſſurer juſqu'à ce que la collection de
pluſieurs piéces nous fourniſſe les éclairciſſemens néceſſaires.

Lettre du P. Panel ſur le cab. de M. le Br.

J'obſerve encore que les médailles d'Aſandre qui
ſont dans le livre de Vaillant, n'ont pas été gravées
avec exactitude. Elles repréſentent la même tête , quoi-
quedans l'une, Aſandre ſoit qualifié d'Archonte (ce qui
eſt la même choſe que le mot d'Ethnarque dont Lucain
ſe ſert) & de Roi dans l'autre ; & que la tête de la premiere doive être nue & celle de la ſeconde ceinte d'un
Diadême.

La médaille qui ſuit eſt dans le cabinet du princeElec-
toral de Saxe.(pl. I. n°. 4.) Aſandre n'y porte que la qualité d'Archonte ; & la tête eſt nuë : on lit au revers ΑΡ-
ΧΟΝΤΟΣ ΑΣΑΝΔΡΟΥ ΒΟΣΠΟΡΟΥ. & les lettres Χ. Η.
Le titre d'Archonte ſe voit auſſi ſur une médaille d'or
gravée dans l'ouvrage de Vaillant.

Celle ci eſt auſſi en or dans le cabinet de M. Pellerin (pl. I. n°. 5.) Aſandre paroît avec le diadême,
parce qu'il prend le titre de Roi. La légende eſt ΒΑ-

ΣΙΛΕΩΣ ΑΣΑΝΔΡΟΥ. On voit dans le champ la lettre
Z. & un monogramme qui indique apparemment Panticapée. M. Pellerin a une autre médaille d'or avec la
même légende & les lettres ΙΔ dans le champ. Au cabinet du Roi, il y a une médaille d'argent qui ne différe de celle que je viens de décrire, que par la lettre
ϛ. & le monogramme de Panticapée qui font également
dans le champ. Il y a apparence que dans les médailles dont je viens de parler, les lettres ϛ. Z. H. ΙΔ. défignent les années 6. 7. 8. 14. du regne d'Afd e.

La victoire qu'on voit au revers de toutes ces médailles, s'explique naturellement par les vertus militaires d'Afandre, que Lucien nous dépeint comme un
grand guerrier. Ce prince mourut fous le confulat de
Dion l. 54. M. Licinius Craffus, & de Cn. Cornelius Lentulus ; la
740e. année de Rome, la 14e. avant J. C.

SCRIBONIUS.

L'an de Rome 740. *avant* J. C. 14.

S CRIBONIUS qu'Augufte avoit envoyé dans le
Bofphore pour y commander les troupes, s'empara du royaume après la mort d'Afandre. Il fe difoit def-
Dion. Ibid. cendu de Mithridate le Grand, & choifi par Augufte
pour gouverner le Bofphore. Pour autorifer fon ufur-
pation, il époufa Dynamis veuve d'Afandre, qui avoit
l'adminiftration du royaume. Elle étoit fille de Pharnace
& petite fille de Mithridate. Mais les Bofphoriens dé-
couvrirent bientôt fes fuppofitions & le firent mourir.

On peut mettre Scribonius au nombre des rois, ou

princes du Bosphore ; mais il joüit si peu de son imposture , qu'il n'eut peut être pas le tems de prendre aucun titre , & on ne peut rien assurer , jusqu'à ce qu'il paroisse quelqu'une de ses médailles , supposé qu'il en ait fait frapper.

POLEMON I.

L'an de Rome 741. *ou* 742. *avant* J. C. 13. *ou* 12.

DEs que la nouvelle de l'usurpation de Scribonius , fut venue à Agrippa qui étoit en Syrie à la tête des troupes Romaines ; il envoya contre lui Polémon roi d'une partie du Pont ; mais Scribonius avoit déja été tué. Polémon trouva pourtant de la résistance dans le peuple du Bosphore, qui craignoit de l'avoir pour roi. Il le battit ; mais il ne le soumit pas entiérement *Dion. Ibid.* & il attendit l'arrivée d'Agrippa à Sinope. Alors le Bosphore mit bas les armes , & Agrippa lui donna Polémon pour Roi. Auguste confirma le choix d'Agrippa ; & trouva sans doute dans les vertus guerrieres , & dans la modération de Polémon, qui n'avoit pas voulu se rendre entiérement le maître du Bosphore, de quoi oublier qu'il avoit suivi le parti d'Antoine.

Je crois qu'on ne peut pas mettre l'élevation de Polémon au royaume du Bosphore, plutôt que l'an 13. ou 12. avant J. C. si l'on fait attention à tout ce qui s'étoit passé depuis la mort d'Asandre ; en voici le sommaire. Scribonius s'empara du Bosphore : la nouvelle en vint à Agrippa qui étoit en Syrie ; il envoya Polémon contre lui. Scribonius avoit été tué par les Bos-

phoriens. Polémon remporta quelques avantages & at‑
tendit qu'Agrippa fut arrivé. Agrippa marche contre
eux avec une armée ; ils fe foumettent & reçoivent Po‑
lémon pour Roi.

Il eft bien difficile que toutes ces chofes fe foient
paffées dans l'efpace d'un an : cependant Dion met ces
événemens de fuite , & dans la même année. Mais il
faut obferver que ce n'eft pas l'hiftoire du Bofphore
qu'il écrit : il ne parle de ce royaume qu'en paffant , &
il raconte quelques événemens, qui appartiennent aux
années précédentes , pour expliquer celui de l'année
dans laquelle il fe trouve. S'il avoit été queftion de l'hif‑
toire Romaine, il auroit fait les diftinctions néceffaires ;
mais il les a négligées dans une hiftoire étrangere.

Je fuis donc perfuadé que tous ces événemens ne fe
font pas paffés dans l'année de la mort d'Afandre, &
que Polémon n'a été roi du Bofphore qu'après la 14e.
année avant J. C.

Polémon fils du rheteur Zénon , étoit depuis long
tems roi d'une partie du Pont, & de la petite Armé‑
nie , lorfqu'il fut fait roi du Bofphore. Il s'étoit , dit
L.12.p.578. Strabon , frayé par des exploits le chemin au thrône.
Πολέμων , ὃς κỳ βασιλείας ἠξιώθη διὰ τὰς ἀνδραγαθίας ὑπ' Ἀν‑
τωνίου μεν πρότερον , ὑπὸ Καίσαρος δὲ τῶ Σεβαςῶ μετὰ ταῦτα.
Polemo qui regno dignatus eft propter res præclarè geftas ,
ab Antonio primùm , deinde à Cæfare Augufto. Nous
p.407.518. voyons dans Dion , qu'il étoit roi de cette partie du
Pont qui s'avançoit vers la Cappadoce. Il y a apparence
qu'Antoine lui donna ce royaume vers l'an de Rome
715, en récompenfe des fervices de fon pere Zenon. Je
ne fai ce qui auroit pû avant ce tems là faire monter

Polémon fur le trône ; il n'avoit pas encore été d'un *Strab. l. 14.* grand fecours à Antoine ; tout ce qu'il fit pour lui eft poftérieur à cette année. Mais lorfque l'an de Rome 714. Labienus ravageoit l'Afie , & qu'il foumettoit *Dion. Strab.* toutes les villes , Zénon, pere de Polémon, réfifta à Labiénus , & fauva Laodicée fa patrie. Antoine revint d'Egypte pour s'oppofer à Labiénus ; & ce fut vraifem- blablement après la défaite de ce dernier, qu'il donna le royaume du Pont à Polémon, qui fans doute fe dif- tingua dans cette guerre. Ainfi Antoine récompenfa tout à la fois , & les exploits du fils , & la vigoureufe *Ibid. p. 224.* réfiftance du pere. Vaillant dit , que *Polémon vint trou- ver Antoine qui paffoit l hiver à Athènes , l'an de Rome* 714. *& qui le fit roi du Pont.* Mais je n'ai trouvé ce *Dion. p. 411.* fait ni dans Appien , ni dans Dion qu'il cite. Antoine donna la petite Arménie à Polémon l'an de Rome 721. (*h*) pour reconnoître le fervice qu'il lui avoit rendu , en lui ménageant l'amitié & l'alliance du roi de Médie. Polémon étoit déja roi du Pont , puifque Dion lui don- ne ce titre fous l'an de Rome 718. qu'il fut pris dans la guerre des Parthes.

Enfin l'an de Rome 740. Agrippa , comme nous l'a- vons vû, envoya Polémon contre Scribonius , & peu *Ibid. p 558.* après le fit roi du Bofphore. Augufte le confirma dans ce royaume. Polémon époufa Dynamis , héritiere légi-

---

(*h*) Dion femble mettre expreffe- ment cette donation dans l'an de Ro- me 719. Mais il y a apparence que c'eft par anticipation. Ce don de la petite Arménie fut véritablement la récompenfe du fervice que Polémon rendit l'an 719. à Antoine ; & ce der- nier peut avoir promis , cette même année, la petite Arménie à Polémon, dans le deffein où il étoit de fe ven- ger du roi d'Arménie , & de le chaf- fer de fes états. Mais Polémon ne fut mis en poffeffion de l'Arménie qu'a- près la conquête de ce royaume , c'eft à dire l'an 721. Il femble que c'eft ainfi qu'il faut entendre Dion, qui pa- roit être en contradiction dans les pa- ges 411. & 418.

Strab l. 12.
p. 556.
l. 14. p. 647.

time du Bofphore, qu'Afandre & Scribonius avoient
fucceffivement époufée ; mais il n'eut point d'enfans de
cette princeffe qui avoit au moins 49. ans (i) Il époufa
dans la fuite Pythodoris, fille d'un Afiatique fort riche
dont il eut Polémon, Zénon & une fille dont nous
ignorons le nom, qui fut mariée à un roi de Thrace.

On ne fait plus rien de Polémon. Strabon nous apprend qu'il périt dans une guerre qu'il fit à un peuple
voifin de fes états ; mais nous n'avons pas la datte de
fa mort.

Jufqu'à prefent on n'a publié que trois médailles de

Vaillant Reg.
Bof.
Pat. med. for.

Polémon I. celle qui eft au revers de Marc Antoine,
a été frappée dans le Pont, puifque Polémon ne fut
roi du Bofphore que plufieurs années après la mort
d'Antoine ; ainfi ce n'eft point ici fa place.

Nous connoiffons deux autres médailles de Polémon,
qui ont peut être été frappées dans le Bofphore. Il eft
vraifemblable qu'Augufte ayant confirmé le choix qu'A-
grippa avoit fait de Polémon, ce dernier ait fait mettre fur ces monnoyes la tête d'Augufte, pour donner
des marques de fa reconnoiffance à l'Empereur ; mais
il fe peut auffi qu'elles ayent été frappées dans le Pont
Je ne fais graver dans cette incertitude que celle qui

Reg. Bofph.
p. 230.

me paroît la plus curieufe, parce qu'elle a une légende
latine & l'autre grecque. Elle a été publiée dans l'ouvrage de Vaillant. (pl. I. n°. 6.)

(i) Je croirois, avec le P. Souciet , qu'elle en avoit 50. fi nous
étions affurés qu'Afandre l'eut époufée immédiatement après s'être emparé du Bofphore : mais je ne trouve
pas ce fait dans les auteurs. Il fe peut
que Dynamis fut fort jeune à la mort

de Pharnace fon pere, & qu'Afandre
l'ait époufée dès qu'elle fut nubile
pour affermir fon autorité. Dans
cette fuppofition elle auroit eu environ 40. ans , quand Polémon l'é-
poufa.

'Au cabinet de fainte Genevieve, il y en a une qui a d'un côté ΒΑΣΙΛΕΩΣ ΠΟΛΕΜΩΝΟΣ. *cap. diad. cinct.* Au revers ΚΑΙΣΑΡΟΣ ΣΕΒΑΣΤΟΥ. *cap. nudum.*

Seg. Num.
Selec.

Une infcription finguliere nouvellement découverte fait mention de Polémon. Elle a été trouvée à Cumes en Eolie. Ou y voit que Polémon étoit prêtre du Temple confacré à Rome & à Augufte. Polémon étoit de Laodicée, ville affez éloignée de Cumes, & d'une province différente : comme nous ne favons que quelques traits de fa vie, nous ignorons ce qui lui attira ces diftinctions dans une ville étrangere. Il paroît par la charge de Pontife, que les Cuméens lui confiérent, que fes vertus l'avoient fait connoître en plufieurs lieux de l'Afie. L'infcription dont je parle eft à l'honneur d'un Cuméen nommé Labéon, à qui fes concitoyens donnent plufieurs marques de reconnoiffance. Elle eft fort longue, mais mutilée dans les premieres lignes. Je n'en rapporte que la fin, parce que c'eft l'endroit où il eft parlé de Polémon, & que la datte qui n'eft pas tout à fait dans les termes ordinaires, nous donne le nom d'un mois que je crois inconnu.

ΜΗΝΟΣ ΦΡΑΤΡΙΩ ΔΕΚΑΤΑΠΙΟΝΤΟΣ ΕΠΙ ΙΕΡΕΩΣ
ΤΑΣ ΡΩΜΑΣ ΚΑΙ ΑΥΤΟΚΡΑΤΟΡΟΣ ΚΑΙΣΑΡΟΣ ΘΕΟΥ
ΥΙΩ ΘΕΩ ΣΕΒΑΣΤΩ ΑΡΧΙΕΡΕΩΣ ΜΕΓΙΣΤΩ ΚΑΙ
ΠΑΤΡΟΣ ΤΑΣ ΠΑΤΡΙΔΟΣ ΠΟΛΕΜΩΝΟΣ ΤΩ
ΖΗΝΩΝΟΣ ΛΑΟΔΙΚΕΟΣ ΠΡΥΤΑΝΕΩΣ ΔΕ
ΛΕΥΚΙΩ ΟΥΑΚΚΙΩ ΛΕΥΚΙΩ ΥΙΩ ΑΙΜΙΛΙΑ
ΛΑΒΕΩΝΟΣ ΦΙΛΟΚΥΜΑΙΩ ΕΥΕΡΓΕΤΑ
ΣΤΕΦΑΝΑΦΟΡΩ ΔΕ ΣΤΡΑΤΩΝΟΣ ΤΩ
ΗΡΑΚΛΕΙΔΑ.

ΦΡΑΤΡΙΩ
pour ΦΡΑΤ-
ΡΙΟΥ.
Dialec. Dor.
& ainfi des au-
tres mots.

F.

» (*k*) Le vingt-uniéme du mois Phratrien. Polé-
» mon , fils de Zénon de Laodicée , étant prêtre du
» temple dédié à Rome & à l'Empereur Cæfar, fils de
» Jule, le divin Auguste Souverain Pontife & pere de
» la patrie. Lucius Vaccius Labeon , de la Tribu Æmi-
» lia , fils de Lucius , ami des Cuméens & leur bien-
» faiteur , étant Prytane. Straton , fils d'Heraclide ,
» étant Stephanefore.

SAUROMATE I.

IL n'y a aucun ancien qui dife que Pythodoris ait
regné dans le Bofphore , après la mort de Polémon ; ainfi on ne doit point la mettre au nombre des
princes de cette monarchie. Tous les lieux de la domination de Pythodoris, dont Strabon fait mention appartiennent au royaume du Pont, auquel elle fut réduite après
la mort de Polémon I. fon époux ; & c'eft dans ce
royaume qu'ont été frappées les deux feules médailles
que nous connoiffons de cette princeffe. La premiere
eft gravée dans les ouvrages de Seguin, de Vaillant ,
de Morel, & l'autre dans le livre de la Science des Médailles , de l'édition du Baron de la Baftie.

Sauromate I. fuccéda à Polémon dans le royaume
du Bofphore. Vaillant a publié une médaille de ce
prince , dans laquelle on voit d'un côté la tête d'Augufte , & au revers ΒΑΣΙΛΕΩΣ ΣΑΥΡΟΜΑΤΟΥ. (*l*) ca-

L, 12.

Seg. Select.
Num. p. 45.
Vail.Hift. reg.
pont. t. 11.
p. 218. Morel.
Spec. R. Num.
t. 1. tab. 8.
t. 2. p. 345.

Num. Gra.
p. 6.

(*k*) Nous devons cette infcription
aux foins de M. Peyffonel de l'Académie des Infcript. & Belles Lettres
Conful de France à Smyrne , qui
partage fon tems entre les fonctions
confulaires , dont il s'acquite avec
diftinction, & la recherche des monumens antiques dont il connoît
toute l'utilité.
(*l*) Je dois avertir ici que les Ep-
filon & les Omega font figurés d'une
façon particuliere fur les médailles

put Regis. Il n'y a point d'époque fur cette médaille :
elle nous apprend feulement que Sauromate étoit roi
du Bofphore fous Augufte. Il l'étoit encore fous Tibere comme on voit par cette médaille du cabinet de
M. Pellerin. (pl. I. n°. 7.)

Sauromate y eft appellé *Tiberius Julius.* Les Grecs
ajoûtoient fouvent à leur nom celui de l'Empereur fous
lequel ils vivoient. Nous avons vû dans l'hiftoire des
rois de Thrace , Rhœmetalcès premier prendre celui
de *Caius Julius* & nous verrons bientôt un Rhefcuporis   *Suon. M fc.*
roi du Bofphore prendre celui de *Tiberius Julius.* Nous   *p. 319.*
                                                            Muff Gall.
favons de plus que le nom de *Jules* fut donné à Agrip-   *Ant. p. 16.*
pa II. roi de Judée & celui de *Julie* à fa fille Bereni-
ce ; que Cottius roi des Alpes Cottiennes fut nommé
M. Julius & qu'un Abgare roi d'Édeffe étoit appellé
Ælius Septimius. Mais ces exemples & plufieurs autres
femblables que je pourrois citer font fuffifamment connus des Antiquaires. On peut croire que Sauromate
avoit pris le nom de *Jules* fous Augufte & que fe regardant dès lors comme un des clients de la famille *Julia ,*
il fe contenta d'y joindre dans la fuite celui de Tibere
par adulation pour ce prince qui l'avoit apparemment
confirmé dans le royaume du Bofphore. En effet les
Empereurs nommoient ou confirmoient les rois du
Bofphore qui étoient tributaires des Romains , comme   *voyez auffi*
le prouve fuffifamment le paffage de Lucien , que l'on   *Strab. l. 7.*
verra à l'article de Sauromate II. & celui d'Arrien fous
Cotys II.

des rois du Bofphore, & que la feule | l'on y verra que la forme de ces deux
impoffibilité de trouver de fembla- | lettres , ainfi que celle du *figma* , ca-
bles caractères chez les imprimeurs | ractérife fpécialement la plus grande
m'a obligé à les repréfenter fous une | partie des médailles du Bofphore &
forme différente. Il faut confulter les | fert à les faire diftinguer de celles de
gravures plutôt que les defcriptions ; | la Thrace.

La couronne, la chaise curulle, le parazonium, &
les armes que Sauromate fit graver sur sa médaille sont
des symboles de l'autorité souveraine, que les Empereurs envoyoient aux princes alliés de l'Empire. Les
lettres HM. (pour MH. qu'on trouve sur plusieurs autres
médailles) qui sont dans une couronne de laurier, annoncent, selon Vaillant, une ville d'Arménie; & selon Hardouin elles signifient Μητρόπολις Ηράκλεια, dans
le Pont : mais ces explications ne peuvent pas convenir à cette médaille frappée dans le Bosphore.

J'avois d'abord pensé qu'en regardant ces lettres
comme les initiales du mot ΜΗΤΡΟΠΟΛΕΩΣ, elles dési-
gneroient la ville de Panticapée Métropole du Bosphore
Cimmérien; le nom du Bosphore qu'on a quelquefois donné à cette ville me faisoit croire qu'elle pourroit bien avoir
porté celui de Métropole, & être reconnue sous ce mot,
comme aujourd'hui par le mot de Capitale nous enten-
dons la premiere ville du royaume. Mais j'ai été arrêté
par l'observation suivante ; c'est que jusqu'au tems de
Septime Severe, on trouve sur les médailles du Bosphore des lettres différentes qui semblent avoir rapport
les unes aux autres. De ce nombre sont les deux lettres MH. on les voit sur les médailles de Sauromate I. de Sauromate II. de Cotys II. & de Rhœmetalcès. Sur celles de Sauromate I. de Rhescuporis I.
de Cotys II. & d'Eupator, on trouve ces deux lettres-
ci : ΚΔ. enfin sur celles de Rhescuporis I. de Mithridate & d'un Sauromate on voit ces deux-ci : IB. Or ces
différentes lettres regardées comme nombres, donnent
cet ordre : 48. 24. 12. Devons-nous cette singularité
au hazard, ou peut-on penser qu'outre l'Ere du royau-

Briffo. de for-
mul.
Chimentel. de
hono.   bisell.
capp. 12. 13.
Paschalius
de coronis l. 10.
p. 672.

Reg. Bos. p.
252.
Num. pop. p.
140.

Strab. l. 11.
p. 495.
Plin. l. 4. c.
12.

me, il y avoit dans le Bofphore une période de 48. ans
qu'on marquoit fur les médailles de bronze toutes les
fois qu'on n'y mettoit point les années de l'Ere commune ? Je fais que les médailles des autres monarchies
n'offrent point d'exemples d'un pareil ufage ; je fais
encore que ce ne feroit que par des fuppofitions un peu
forcées qu'on pourroit ranger toutes les médailles dont
je parle fous une certaine période. Mais je n'affirme
rien, & je crois qu'il faut attendre qu'un plus grand
nombre de médailles nous dévoile ce myftere, ou nous
force à reconnoître qu'on ne peut pas l'expliquer. J'ob-
ferverai fimplement que les lettres qui nous arrêtent
ne fauroient marquer ni le poids des médailles, ni les
années d'un regne. Elles fe trouvent fur des médailles
de différens poids & fur celles de quelques princes qui
n'ont regné qu'un très petit nombre d'années. J'obfer-
verai encore que vers le tems de Septime Severe on
trouve fur les médailles tantôt un B. tout feul, tantôt
un M avec un A, & d'autre fois un M. & un B.

La médaille fuivante eft du cabinet du Roi (pl. I.
n°. 8.) M. Baudelot dans fon utilité des voyages en
a publié une femblable où l'on voit ⊏ I, ainfi que dans
une troifiéme qui eft à Londres, dans le cabinet du
Duc de Devonshire ; mais il paroît certain que c'eft
une faute de graveur ou qu'on a lû ⊏ I au lieu de TI. M.   *Explic. de*
le Préfident Bouhier avoit déja propofé la même cor-   *quelq. marbres*
rection.   *p. 35.*

Dans le cabinet du Roi, il y a une médaille de Sauromate, en moyen bronze, fur laquelle on lit ΒΑΣΙ-
ΛΕΩΣ ΣΑΥΡΟΜΑΤΟΥ. *Caput Saur. diade.* au revers,
qui n'eft pas bien confervé, on diftingue un bouclier,
un trepied, & les ettres MH.

J'en fais graver une plus curieuse encore que les précédentes qui est dans le cabinet du Roi & dans celui de M. Pellerin (pl. I. n°. 9.) Le bouclier & la chaise curule qu'on voit également sur la médaille de Sauromate qui prend les noms de *Tiberius Julius* , sont des raisons suffisantes pour attribuer celle ci au même prince.

Elle représente les armes & les symboles que Rome avoit envoyés au Roi du Bosphore. On lit d'un côté ΤΕΙΜΑΙ Β.. & de l'autre...ΜΑΤΟΥ ΑΣΠΟΥΡΓΟΥ. ΚΔ. Sauromate a fait graver dans cette piéce, les présens honorables, & les marques de souveraineté qu'il avoit reçus de l'Empereur. Le mot ΤΕΙΜΑΙ, pour ΤΙΜΑΙ. *honores* détermine la façon d'expliquer cette médaille singuliere ; & je traduis ΤΕΙΜΑΙ Β ..... ΜΑΤΟΥ. *honores regis Sauromati.* Il reste le mot ΑΣΠΟΥΡΓΟΥ dont l'explication paroît plus difficile. Dans le Palus Mœotide, il y avoit un peuple appellé, par Strabon & par Etienne, ἀσπουργιανός. Si on vouloit supposer que Sauromate y étoit né, & qu'on eut exprimé sur cette médaille le lieu de son origine ; il auroit fallu ΑΣΠΟΥΡΓΙΑΝΟΥ au lieu de ΑΣΠΟΥΡΓΟΥ. Peut-être faut-il entendre par ΑΣΠΟΥΡΓΟΥ. *Aspurgi filius.* Il ne seroit pas difficile de citer quelques médailles de Rois, (*m*) & plusieurs médailles de Magistrats qui mettoient à la suite de leurs noms, celui de leurs peres. Cet usage est surtout fort commun dans toute sorte d'inscriptions : mais dans l'ignorance où nous sommes des coûtumes du Bosphore

(*m*) Dans une médaille d'or du cabinet du Roi ΑΛΕΞΑΝΔΡΟΥ ΤΟΥ ΝΕΟΠΤΟΛΕΜΟΥ &dans Juba le jeune , au même cabinet , JUBA. REX. JUBÆ... *filius* (*Seg. Num. Sel. Hard. Num. p.* 103.)

phore, & de la généalogie des princes de cette nation, je n'affure point que le pere de Sauromate foit nommé fur cette médaille.

Le P. Hardouin, dans un de fes ouvrages, décrit ainfi une médaille de petit bronze ΒΑΣΙΛΕΩΣ ΚΟΤΤΟΣ ΤΕΙΜΑΙ. *Sella Curulis, fupra quam corona.* De l'autre côté ΙΟΥ. ΑΣΠΟΥΓΟΥ. *Clypeus infra* ΚΔ. on ne fçait ce que cette médaille eft devenue; peut être que le P. Hardouin ne l'a pas décrite exactement & que c'eft la même que celle dont je parle dans cet article.

Num Popul. p. 141.

Ce que j'ai dit plus haut fur les lettres ΜΗ. me difpenfe de propofer mes conjectures fur les lettres ΚΔ. qui font fur cette médaille.

RHESCUPORIS I.

L'an de Rome 783.

APRES Sauromate, les médailles nous font connoître Rhefcuporis I. Voici une médaille d'or de ce prince, qui eft dans le cabinet du Roi. (pl. I. no. 10.)

On y voit d'un côté la tête de Tibere, & au revers une tête différente avec les lettres ΒΑΡ. ϛΚΤ. on en a publié une dans la derniere édition de Vaillant, du cabinet de M. Apoftolo Zeno de Venife, qui ne differe de celle ci que par l'époque. Elle eft également en or. La tête de Tibere d'un côté ; la tête du Roi du Bofphore de l'autre : & les lettres ΒΑΡ. ΑΛΤ. Le favant qui nous a donné cette édition de Vaillant, croit que

Rome 1743.

'Ann. l. 1.

le prince défigné par les lettres BAP eſt Rhœmetalcès
dont il eſt parlé dans Tacite ; mais il n'a pas fait attention que ce paſſage de Tacite ne regarde pas le Boſphore , mais la Thrace. Nous ne ſaurions pas s'il faut
expliquer les lettres BA. P. par *Regis Rhæmetalcis* , ou

'Antiquit.
Gallia. p. 106.

par *Regis Rheſcuporidis* ſans une médaille de moyen
bronze du cabinet du Roi dont je donne ici le deſſein
(pl. I. n°. 11.) M. l'Abbé de Rothelin en avoit une ſemblable qui eſt aujourd'hui dans le cabinet de M. le Beau,
de l'Académie des Inſcriptions & Belles Lettres. Elle a
été publiée par M. Maffei , qui a cru qu'elle repréſen-
toit un roi de Thrace. D'un côté TIBEPIOΣ IOYΛIOΣ
BAΣIΛEYΣ PHΣKOYΠOPIΣ, *caput diad.* & de l'autre
KΔ. *Cap. mul diad. ornat.*

Cette médaille & les deux en or que j'ai décrites,
s'expliquent les unes par les autres. Dans ces dernieres,
qui ſont abſolument dans le même goût que pluſieurs
autres médailles d'or qui appartiennent inconteſtable-
ment au Boſphore , les époques ςKT. & AAT. annoncent un Roi du Boſphore , & la médaille du cabinet
de Sa Majeſté apprend que ce Roi s'appelloit Rheſcuporis, & la véritable ſignification des lettres BA. P. Si l'on
avoit quelque doute ſur la médaille du Roi, ſa conformité avec celles de l'article précédent ſuffiroit pour
les diſſiper, puiſque nous avons vû que Sauromate pré-
déceſſeur de Rheſcuporis , portoit également le nom
de Tiberius Julius, & que les lettres K. Δ. ſe trouvent ſur une de ces médailles. Ainſi il me paroît certain que ces trois médailles repréſentent Rheſcuporis I.
qui ſuccéda à Sauromate , & qui porta comme lui le
nom de Tibere , ſous lequel il regnoit dans le Boſphore.

re. Par l'époque de la médaille du Roi, nous voyons qu'il gouvernoit ce royaume vers la fin de l'an de Rome 782. & par celle de la médaille de M. Apoſtolo Zeno, il paroît qu'il étoit encore Roi vers la fin de l'an de Rome 787. car les deux époques ϚΚΤ. (326) & ΑΛΤ. (331.) de l'Ere du Boſphore répondent en partie aux années 782. & 787. qui tombent l'une & l'autre dans le regne de l'Empereur Tibere qui eſt repréſenté ſur ces trois médailles, & à qui Rheſcuporis fait une eſpece d'hommage pour le royaume dans lequel il commandoit avec l'agrément des Romains.

M. le Préſident de Cotte en a une dans ſa riche ſuite de moyen bronze qui a déja été publiée par Haym & & par Havercamp. Ils ont conjeɛturé l'un & l'autre qu'on pourroit l'attribuer à un Roi de Commagene; mais il eſt conſtant qu'elle a été frappée pour Rheſcuporis (pl. I. n°. 12.) On y voit d'un côté : ΓΑΙΟΥ. ΚΑΙΣΑΡΟΣ.... *Cap. Caligulæ laur.* & de l'autre *Cap. Rheſ. diad.* dans le champ les deux lettres IB dont j'ai parlé plus haut, & un monogramme qui doit s'expliquer par ces mots : ΒΑΣΙΛΕΩΣ ΡΗΣΚΟΥΠΟΡΙΔΟΣ.

Haym Teſ. Brit.t 1 p 243. Haverc. Edit de Joſephe.

Sauromate I. & Rheſcuporis I. que les médailles nous font connoître, prennent la place de Pythodoris, que l'on croyoit avoir ſuccédé dans le royaume du Boſphore, à Polémon ſon époux. Soit que le fils que ce prince laiſſa, & que nous allons voir roi du Boſphore, fut trop jeune lorſque ſon pere mourut, ou que la politique des Romains ne permît pas que Pythodoris reine de Cappadoce par ſon ſecond mariage avec Archélaüs, fut à la fois reine du Pont, de la Cappadoce & du Boſphore ; ce dernier royaume fut donné à Sauro-

G

mate **I.** & l'intervalle qu'il y a entre Polémon **I.** &
Polémon **I I.** fut rempli par Sauromate & par Rhefcuporis.

POLEMON II.

L'an de Rome 781. de J. C. 38.

P OLEMON II. reçut de Caligula les états du Bofphore l'an de Rome 791. comme l'écrit Dion, fans
nous apprendre pourtant fi Rhefcuporis fon prédéceffeur étoit mort, ou s'il y avoit eu quelque révolution
l. 59. dans le Bofphore. Quoiqu'il en foit, Polémon ne jouit
pas long tems de ce royaume; quatre ans après qu'il l'eut
Dion l. 60. reçu de Caligula, Claude le donna à un Mithridate, qui
defcendoit de Mithridate le Grand. Polémon reçut à la
place du Bofphore, une partie de la Cilicie. On peut
l. 19. c. vlt. voir dans Jofephe les motifs & les fuites de fon mariage
avec Bérénice veuve d'Hérode.

Suet. in Ner. Dans la fuite, l'an de J. C. 65. Polémon céda le
Eufeb, in Chro. Pont qui devint Province Romaine. Il ne lui refta que
la feule partie de la Cilicie.

Nous ne connoiffons aucune médaille de Polémon
II. frappée dans le Bofphore, quoiqu'il ait gouverné
ce royaume pendant quatre ans. Les médailles que nous
avons de ce prince appartiennent au Pont, où il regna
26 ans. Cependant j'en fais graver une pour donner la
repréfentation de la tête de ce prince. (pl. II. n°. 1.)

ΒΑΣΙΛΕΩΣ ΠΟΛΕΜΩΝΟΣ. La tête de Polémon avec
le diadême; au revers ΕΤΟΥΣ. IH. La tête de Néron
couronnée de laurier. Elle a été frappée la dix-huitiéme

année du regne de Polémon dans le Pont. Cette médaille est du cabinet du Roi.

MITHRIDATE.

L'an de Rome 795. de J. C. 42.

MITHRIDATE, à qui Claude donna le royaume   *Dion. l. 60.*
du Bosphore, étoit issu de Mithridate le Grand:
mais on ne sait pas qui étoit son pere. Vaillant qui a con-   *Reg. Bosph.*
jecturé qu'il étoit fils de Mithridate roi du Pont, dit,   *pp. 218, 246.*
qu'il eut la permission d'entrer dans le Sénat & de remer-
cier en Grec les Sénateurs pour le royaume du Bosphore
qu'il avoit reçu, & qu'on louoit Claude d'avoir rétabli Mi-
thridate dans ses états; cela n'est point exact. Vaillant n'a
pas bien saisi le passage de Dion; il me paroît que ce
remerciment ne regarde absolument qu'Agrippa, & son
frere Hérode. Cette distinction est assez établie par les
paroles de Dion; par les obligations que Claude avoit
à Agrippa qui l'avoit aidé à parvenir à l'empire; & par
les honneurs consulaires qu'il lui accorda. Les autres
rois dont Dion parle plus haut, n'avoient point de part
à ces marques de reconnoissance de Claude.

Il y a encore une inexactitude dans les paroles de
Vaillant. On voit dans Dion que la distribution que Claude fit de plusieurs royaumes étoit approuvée; mais il   *liv. 60.*
n'y est pas dit que Mithridate eut été dépouillé dans son
enfance du Bosphore que Claude lui restituoit : c'est cependant ce que Vaillant semble vouloir faire entendre.
Voici ce passage de Dion tout de suite.

Καὶ μ) τῦτο τῷ τε Ἀντιόχῳ τὴν Κομμαγηνὼ ἀπέδωκεν (ὁ ϖ Γάϊος, ναὶ πὲρ αὐτὸς οἱ δοὺς αὐτὼ, ἀφήρητο) κ) τὸν Μιθειδάτω τὸν ἴϐηρα, ὃν ὁ Γάϊος μεταπεμψάμενο· ἐδεδίκει, οἴκαδε πρὸς ἀνάληψιν τῆς ἀρχῆς ἀπέπεμψεν. Ἄλλῳ τε τινὶ Μιθειδάτῃ τὸ γένος ἀπ᾽ ἐκείνε τῦ πάνυ ἔχοντι, τὴν Βόσπορον ἐχαείσατο, κ) τῷ Πολέμωνι χώραν τινὰ ἀντ᾽ αὐτῦ τῆς Κιλικίας ἀντέδωκε. Τῷ ϖ Ἀγρίππα τῷ παλαισινῷ συμϖραξαντι οἱ τὼ ἡγεμονείαν [ἔτυχε ϖ ἐν τῇ Ρώμῃ ὢν] τινὶ ἀρχὴν ϖροσεπηύξησε, κ) τιμὰς ὑπατικὰς ἔνειμε. Τῷ τε ἀδελφῷ αὐτῦ Ἡρῴδῃ τότε στρατηγικὸν ἀξίωμα κ) δυναστείαν τινὰ ἔδωκε. Καὶ ἔς τε τὸ συνέδειον εἰσελθεῖν σφίσι, κ) χάειν οἱ ἑλληνιστὶ γνῶται ἐπέτρεψε. Ταῦτα μὲν οὖν αὐτῦ τε τῦ Κλαυδίῳ ἔργα ἦν, κ) ὑφ᾽ ἁπάντων ἐπηνεῖτο.

Deinde Antiocho Commagenem, quam idem ei dederat ademeratque Cajus, restituit: Mithridatem Iberum, quem Cajus evocatum in vincula condiderat, domum ad recipiendum regnum remisit: alii cuidam Mithridati qui genus à magno illo Mithridate deducebat, Bosphorum largitus est, pro eo parte Ciliciæ Polemoni datâ. Agrippæ Palæstino, qui, tunc Romæ præsens, eum in potiundo principatu adjuverat, regnum auxit, honores consulares tribuit: fratri ejus Herodi prætoriam dignitatem & principatum quemdam concessit; in Senatumque ingredi eos, ac gratias sibi Græcè agi concessit. Hæ Claudii erant actiones, laudatæ ab omnibus.

Je me suis servi de la version de Léunclavius, dans laquelle j'ai changé seulement *ipsis* en *sibi*. Je ne crois pas que l'examen de ce passage détruise l'idée où je suis que ce remerciment fait en plein Sénat, ne regardoit qu'Agrippa & son frere Hérode.

Si Vaillant avoit publié lui même *ses rois du Bosphore,*

il y auroit fait fans doute bien des changemens & des
corrections ; mais on fait que cet ouvrage a été imprimé
après fa mort, dans un état où l'auteur ne l'auroit pas
laiffé paroître. Ainfi en relevant quelques inexactitudes de ce livre, je ne prétens pas donner atteinte
à la réputation de très favant antiquaire, que Vaillant
mérite à fi jufte titre.

Mithridate fe brouilla avec les Romains, par quel- *Tacit. Ann,
ques guerres injuftes qu'il fit à fes voifins. Il fut pri- *l. 12, c. 15.*
vé de fes états, & Cotys fon frere fut mis à fa place. On
le conduifit enfuite à Rome, où il montra beaucoup de
fermeté, & où il parla avec une hauteur qui convenoit *Ibid. c. 21.*
mal à fa fituation.

Du Choul dans fon livre de la *Religion des Romains*
avoit publié une médaille qu'Havercamp a fait graver
avec plus d'exactitude dans fon ouvrage fur les Familles
Romaines de Morel, & qu'il a attribuée à Mithridate *p. 469.*
roi du Bofphore ; en voici le deffein d'après une médaille
femblable qui eft chez le Roi..... NEPΩNA KAIΣAPA
Neronem Cæfarem ... cap. Neronis laur.)(. EΠI KΛAY-
ΔIOY MIΘPAΔAΓOY. *fub Claudio Mithridate Bilanx.*
(pl. II. n°. 2.) Le nom de Mithridate a trompé cet antiquaire ; mais il auroit dû faire attention que Mithridate roi du Bofphore ne regnoit plus du tems de Néron, & que la médaille dont il s'agit repréfente la tête
de cet Empereur. Il auroit dû remarquer encore que le
titre de Roi ne fe trouve pas joint avec le nom de Mithridate ; enfin, que le goût de la gravure eft tout à fait
différent de celui qu'on apperçoit fur les médailles qui
font inconteftablement du Bofphore. Je ne crains donc
pas d'avancer que le nom exprimé fur le revers de cette

médaille défigne un fimple magiftrat de quelque ville de l'Afie Mineure & peut être de la ville de Pergame, dont Seguin a publié une médaille avec le nom de Mithridate.

Le même Seguin en a fait graver une autre qui eft aujourd'hui au cabinet du Roi & dont voici la defcription BΑΣΙΛΕΩΣ ΜΙΘΡΑΔΑΤΟΥ. *caput juvenile diad.*)(. IB. *Clava cum fpoliis leonis hinc arcus in pharetra, inde tridens :* (pl. II. n°. 3.) Seguin l'avoit attribuée à ce Mithridate de Pergame à qui Jules Cæfar avoit donné le royaume du Bofphore après la défaite de Pharnace. Vaillant a oppofé à Seguin que ce prince n'avoit pas été plutôt revêtu du titre de Roi qu'il en avoit été dépouillé par Afandre & qu'il n'avoit pas eu le tems de le prendre fur fa médaille ; il aime donc mieux l'attribuer à Mithridate VII. roi du Pont, & il ajoûte qu'elle ne fçauroit convenir au fecond Mithridate du Bofphore puifque le regne de ce prince, qui n'eft que de 6. à 7. ans, ne peut s'accorder avec la douziéme année marquée fur la médaille par ces deux lettres IB.

Dans le dernier arrangement qu'on vient de faire aux médailles du Roi, on n'a pas été arrêté par l'objection de Vaillant, & perfuadés que les deux lettres IB. de même que les autres lettres dont j'ai déja parlé, ne fauroient défigner fur les médailles du Bofphore des années de regne, on n'a pas balancé à rapporter la médaille que j'examine, au prince qui fait le fujet de cet article.

Je me détermine d'autant plus volontiers à fuivre cet arrangement que la médaille eft entiérement conforme pour le goût & la fabrique aux autres médailles du Bof-

p. 62.

Reg. Pont. p. 231.

phore. Mithridate y paroît affez jeune, & les fymboles du revers font peut-être allufion à des jeux confacrés à Neptune & à Hercule, ou fi l'on veut une explica- tion auffi analogue à la fimplicité des médailles an- ciennes, nous dirons que ce prince honoroit ces deux Divinités d'un culte particulier.

Le revers que je viens d'expliquer paroît avec les deux lettres IB. fur une médaille latine de l'Empereur Commode qui eft au cabinet du Roi. Mais en l'exami- nant avec attention, on s'eft apperçu que c'eft l'ouvrage d'un fauffaire qui ayant entre fes mains deux médailles antiques, l'une de cet Empereur, & l'autre de Mithri- date roi du Bofphore, les a coupées pour enchaffer & coller le revers de l'une à la tête de l'autre; détruifant ainfi une médaille dont apparemment il ne connoiffoit pas le prix, pour en faire une qui n'auroit pour tout mé- rite qu'une legere fingularité dans le revers.

COTYS I.

L'an de Rome 802. de J. C. 49.

NOus ne favons pas fi Mithridate & Cotys n'é- toient que freres uterins, & de qui ils étoient fils l'un & l'autre. Le filence des auteurs réduit aux conjec- tures. Vaillant en a propofé qui ont de la vraifemblan- ce, mais qui ne me paroiffent pas fuffifantes & que je ne répéte point : du moins eft-il certain que la médaille qu'il produit avec l'époque ΘΚΦ. ne peut être du frere de Mithridate, comme il le prétend ; puifque cette

Reg. Poſ.

époque tombe dans les années de Rome 985-986. près
de 200. ans après le tems où Mithridate fut roi du
Bosphore.

　　Il y a dans le cabinet de M. Apostolo Zeno à Veni-
se, une médaille d'or de Cotys I. qui a été publiée depuis peu dans la nouvelle édition de Vaillant. On
voit d'un côté la tête d'Agrippine mere de Néron, sans
inscription, & au revers la tête de Cotys avec les lettres BA K. BNT. (352.) Cette année de l'Ere du Bosphore concourt avec les années de Rome 808-809.
la 2ᵉ. du regne de Néron. On sait que dans les premieres années de ce prince, Agrippine sa mere avoit toute
l'autorité ; ainsi on grava indifféremment sur les monnoyes la tête de Néron ou celle d'Agrippine.

　　La médaille d'or qui suit est dans le cabinet de M.
Pellerin. (pl. II. n°. 4.) Une tête couronnée de laurier sans inscription ; au revers une tête couronnée également de laurier avec un monogramme composé de
ces quatres lettres NEPK. au dessus ΘNT. (359.) Le
monogramme peut s'expliquer simplement par NEPΩN
ΚΛΑΥΔΙΟΣ. Mais comme dans les médailles d'or précédentes de Rhescuporis, qui sont tout à fait dans le
goût de celle ci, il n'y a point d'inscription du côté de
la tête de l'Empereur, & que la tête du revers est celle
du roi du Bosphore, avec la premiere lettre de son nom :
je crois qu'il en est de même dans celle ci, & qu'elle
représente Néron d'un côté, & de l'autre Cotys, qui y
prend le nom de Néron, avec les lettres NEPK. qui signifient NEPΩN KOTYΣ. Ses prédécesseurs Sauromate
& Rhescuporis, qui prirent le nom de Tibere, condui-
sent naturellement à cette explication. Cette médaille a
été

Vol. 1. p. 61.

été frappée l'an de Rome 815. ou 816. la 9ᵉ. année
du regne de Néron.

RHESCUPORIS II.

L'an de Rome 836. de J. C. 83.

R HESCUPORIS II. ne nous feroit pas connu ;
fans une médaille d'or du cabinet de M. Apoftolo
Zeno de Venife, qui a été publiée dans la nouvelle édition de Vaillant que j'ai déja citée. (pl. II. n°. 5.) *Vol. 2. p. 110.*

On voit d'un côté la tête de Domitien, couronnée
de laurier, avec les lettres ΠΤ. (380.) au revers: ΒΑ-
ΣΙΛΕΩΣ ΡΗΣΚΟΥΠΟΡΙΔΟΣ. la tête de Rhefcuporis
avec le diadême. Elle a été frappée la 380ᵉ. année
de l'Ere du Bofphore ; la 836ᵉ. ou 837ᵉ. de Rome ;
la 3ᵉ. de Domitien.

SAUROMATE II.

C E prince eft le roi du Bofphore qui envoya à l'Empereur Trajan une ambaffade dont Pline parle *L. 10.*
dans fes lettres.

Vaillant qui avoit dit dans un de fes ouvrages que
Sauromate étoit roi du Bofphore, a foutenu dans la fuite, *Nummi Imp.*
que les rois qui portent le nom de Sauromate & d'Eu- *pp. 130. 157.*
édit. de 1692.
pator, n'étoient pas des rois du Bofphore ; mais qu'ils *Reg. Bof. p.*
avoient fous leur domination d'autres provinces au de- *276.*
la du Pont Euxin. Ce qui l'a empêché de reconnoître
ces princes pour des rois du Bofphore, c'eft que les

H

époques qu'il voyoit fur leurs médailles ne s'accordoient
pas avec l'Ere qu'il avoit établie. Mais outre que
cette raifon ne fuffifoit pas , plufieurs nouvelles médailles qui m'ont été communiquées , prouvent évidemment que Sauromate & Eupator regnoient dans le Bofphore.

C'eft même ce qu'on voit dans les lettres de Pline ,
où le roi du Bofphore , & le roi Sauromate , ne font
qu'un même prince. Pline écrivoit ces lettres de Bithynie , où il étoit très à portée de favoir les affaires du
Bofphore , & d'où il avoit avec ces rois des rélations
fuivies. Le témoignage de Pline eft confirmé par ce
paffage de Lucien , qui paroît décifif, & dont Vaillant
tente envain d'affoiblir l'autorité. Ἔνθα ἐγὼ παραπλέα-
τας εὑρὼν Βοσπορεάνους τινας πρέσβεις παρ' Εὐπάτορος τȣ
Βασιλέως εἰς τὴν Βιθυνίαν ἀπιόντας ἐπὶ κομιδῇ τῆς ἐπετείου
ϲυντάξεως. Là je trouvai des Envoyés du Bofphore qui
venoient par mer en Bithynie , pour porter de la part du
Roi Eupator le tribut annuel. Ce qui a encore contribué
à tromper Vaillant , c'eft qu'il a cru que les princes appellés Sauromates , étoient rois d'un peuple qui portoit
ce nom ; & comme il trouvoit dans Eutrope qu'il cite
les rois du Bofphore , & les rois des Sauromates clairement diftingués , il a cru que les princes nommés Sauromates étoient des rois de la nation qui porte le nom de
Sarmates & non des rois du Bofphore. Mais il ne s'enfuit pas de ce qu'un prince porte le nom de Sauromate , qu'il ne puiffe être roi que d'un peuple de ce nom.
Il eft vrai que les Sarmates Afiatiques avoient leurs rois
particuliers ; mais cette nation n'avoit rien de commun
avec les rois du Bofphore. Ces peuples étoient féparés

*Liv. 10. Ep.
13. 14. 15.*

*Lucian. in
vita Alexand.*

par d'autres royaumes. Les rois du Bofphore ne poffédoient guéres que ce qui étoit à l'embouchure du Palus Mœotide , depuis Panticapée jufqu'à Théodofie : il
y avoit bien loin de là au pays des Sauromates ou Sarmates.

Je reviens à Sauromate II. nous ne connoiffons de
la vie de ce prince , que l'ambaffade qu'il envoya à
Trajan , dont Pline ne donne ni le détail ni les motifs.

La médaille de Sauromate avec l'époque la plus reculée , eft celle qui eft en or dans le cabinet de M. Apoftolo Zeno ; elle eft ainfi décrite dans la nouvelle édition de Vaillant. ΒΑΣΙΛΕΩΣ ΣΑΥΡΟΜΑΤΟΥ. *caput ju-*
venile Regis Sauromatis prolixa coma & diademate orna- *Vol. 2. p. 124.*
tum. Au revers : *fine epigraphe. caput Trajani laureatum ;*
fub quo ΔΥ. c'eft l'année 404e. de l'Ere du Bofphore
860-861. de Rome. 10e. ou 11e. de Trajan.

Morel , Spanheim & Vaillant ont publié celle qui *Specimen.*
fuit ; elle eft dans le cabinet du Roi. (pl. I I. n°. 6.) *Diff. & Caf.*
  Num. Imp.

ΒΑΣΙΛΕΩΣ ΣΑΥΡΟΜΑΤΟΥ. *cap. Saur. diad.* au re-
vers : *cap. Trajani laur.* ΗΥ. elle eft de l'an 408. de l'Ere
du Bofphore ; 864-865 de la fondation de Rome ; 14. ou
15. du regne de Trajan. Spanheim s'eft trompé fans
doute en difant que cette médaille eft en argent ; elle
eft en or.

On trouve en différens cabinets d'autres médailles
de Sauromate avec des époques.

ΒΑΣΙΛΕΩΣ ΣΑΥΡΟΜΑΤΟΥ. *cap. Sauro. diad.*)(.*cap.*
Hadriani laur. infra ΓΙΥ. (413.) en or dans le *Te-* *Vol. 2. p. 53.*
foro Britannico. c'eft l'année de Rome 870. la 413e.

H ij

de l'Ere du Bofphore, la premiere du regne d'Hadrien. (*n*)

Eadem epigraphe : cap. id.)(. *cap. id. infra* ΗΙΥ. (418.) en or dans le cabinet du Roi. C'eſt l'année 418. de l'Ere du Bofphore ; 874-875. de Rome ; 5ᵉ. ou 6ₑ. d'Hadrien.

Si celle qui eſt dans les gravures du Comte de Pembroke , eſt gravée fidellement, elle nous donne l'époque 421. *Epig. deleta : cap. Had. laur.*)(. *cap. nudum hinc & inde* ΛΚΥ. (421.) en petit bronze ; de l'an de Rome 877. ou 878. la 421. de l'Ere du Bofphore ; la 8ᵉ. ou 9ₑ. d'Hadrien.

Je fais graver une médaille finguliere de Sauromate qui eſt dans le cabinet de M. Pellerin. (pl. II. nᵒ. 7.) ΒΑΣΙΛΕΩΣ ΣΑΥΡΟΜΑΤΟΥ. *cap. Saur. diad.*)(. ΒΚΥ. (422.) *Aquila alis expanfis roftro coronam tenens.* en petit bronze ; de l'an de Rome 878. ou 879. la 422ᵉ. de l'Ere du Bofphore ; la 9ᵉ. ou 10ᵉ. d'Hadrien.

La reſſemblance dans les têtes fait attribuer la médaille fuivante qui eſt au cabinet du Roi, à Sauromate II. ΒΑΣΙΛΕΩΣ ΣΑΥΡΟΜΑΤΟΥ. *cap. Saur. diad. ornat.*)(. ΜΗ. *in corona.* (pl. II. nᵒ. 8.)

COTYS II.

S I les livres hiſtoriques, que Phlégon affranchi d'Hadrien avoit compoſés fur les Olympiades, étoient venus jufqu'à nous, nous y apprendrions comment Co-

---

(*n*) L'année commençant dans le Bofphore en automne; l'an 413. du Bofphore commence dans l'automne de l'année de Rome 869. & finit dans l'automne de 870. Mais on fait qu'Hadrien ne parvint à l'Empire qu'au mois d'Août de l'an 870.

tys II. parvint au royaume du Bofphore. Mais il ne nous reſte de cet ouvrage qu'un petit fragment ; tout le reſte eſt perdu. Photius n'en avoit vû que cinq livres. L'Empereur Conſtantin Porphyrogenete qui l'avoit lû en entier, dit, en citant Phlégon, *que Cæſar avoit fait prendre le diadême à Cotys.* Δ αδημα εκελευσε φορειν ὁ Καισαρ. Par Cæſar, il faut entendre Hadrien, juſqu'au regne duquel Phlégon avoit pouſſé ſon hiſtoire. Conſtantin auroit dû nommer Hadrien, afin de ne laiſſer aucun doute : car cette omiſſion eſt en partie cauſe que quelques Ecrivains, entendant par Cæſar, l'Empereur Auguſte, ont cru que Phlégon, avoit été affranchi de cet Empereur. Le mot dont ſe ſervoit Phlégon, qui, de ſon tems, déſignoit clairement Hadrien, devenoit moins intelligible pour des ſiécles poſtérieurs.

Them. Occid. 12.

Suidaſ.

Arrien, autre auteur contemporain, parle auſſi de Cotys II. En envoyant à Hadrien ſon *Périple* du Pont Euxin, il lui annonce la mort de Cotys en ces termes : *Dès que j'ai appris la mort de Cotys roi du Boſphore Cimmérien, je me ſuis hâté de vous envoyer la rélation du voyage qu'on peut faire par mer juſques dans ce pays, afin que ce royaume vous fût connu, ſi vous aviez des arrangemens à prendre ſur les affaires qui le concernent.*

In Periplo Ponti Euxini.

J'ai tâché de prouver dans la differtation préliminaire, que le Périple d'Arrien a été écrit dans l'année 15. ou 16. d'Hadrien, & non dans l'année 19. ou 20. comme Dodwell l'a cru, & tant d'autres après lui : ainſi la mort de Cotys II. eſt arrivée vers l'an 15. d'Hadrien. La médaille qui ſuit a été frappée deux ans avant ſa mort. Elle eſt en or dans le cabinet de M. Pellerin.

ΒΑΣΙΛΕΩΣ ΚΟΤΥΟΣ. *cap. Cotyis diad.*)(. *cap. Hadria-*

ni laur. infra ςΚΥ. (426.) de l'an de Rome 882. ou 883;
la 426. de l'Ere du Bosphore ; la 13ᶜ. ou 14ᵉ. d'Ha‑
drien.

Celle ci est dans le même cabinet ; & dans celui de M.
Fawkener à Londres. (pl. II. n°. 9.) ΒΑΣΙΛΕΩΣ ΚΟ‑
ΤΥΟΣ. *cap. Cot. diad. ante quod clava.*)(. *cap. Hadr.
laur. infra* ΗΚΥ. (428.) en or ; de l'an de Rome 884.
ou 885. la 428. de l'Ere du Bosphore , la 15ᵉ. ou 16ᵉ.
d'Hadrien ; & de l'année même de la mort de Cotys ,
comme le prouve incontestablement la médaille de
Rhœmetalcès son successeur.

Il paroît par l'air de tête & par le goût de la gravure
que la médaille qui suit du cabinet du Roi , est de Co‑
tys II. ΒΑΣΙΛΕΩΣ ΚΟΤΥΟΣ. *cap. Coty. diad. cinct. an‑
te quod tridens.*)(. ΜΗ. *in corona.* (pl. II. n°. 10.)

La troisiéme médaille que je fais graver du cabinet
de M. le Marquis de Collande & de celui de M. Pelle‑
rin est fort singuliere. (pl. II. n°. 11.)

D'un côté ΒΑ. Κ. en monogramme ; & les lettres ΚΔ.
au revers un temple avec ΚΑΠΕ. les lettres ΒΑ. Κ. sont
les premieres des mots ΒΑΣΙΛΕΩΣ ΚΟΤΥΟΣ. On a vu
de semblables monogrammes dans les médailles précé‑
dentes. Je n'ai rien à ajoûter à ce que j'ai dit des let‑
tres ΚΔ. Pour ce qui est du temple & des lettres ΚΑΠΕ.
je ne doute pas que ce ne soit la représentation d'un
temple élevé dans le Bosphore à Jupiter Capitolin , &
que ΚΑΠΕ. ne soit le commencement de ΚΑΠΕΤΩΛΙΟΝ.
comme je le dirai encore plus bas à l'occasion d'une
médaille semblable d'Eupator.

C'est également le goût de la gravure qui m'a fait at‑
tribuer cette médaille à Cotys II.

RHŒMETALCES.

L'an de Rome 885. *de* J. *C.* 132.

RHŒMETALCES fuccéda à Cotys l'an de Rome 885. ou au plutôt dans les derniers mois de l'an 884. Une médaille d'or de M. Pellerin en fournit une preuve certaine. (pl. II. nᵒ. 12.)

ΒΑΣΙΛΕΩΣ ΡΟΙΜΗΤΑΛΚΟΥ. *cap. Rhœm. diad. ante quod clava*)(. *cap. Hadr. laur. infra* ΗΚΥ. (428.) nous avons vû plus haut que cette médaille fert également à donner la date de la mort de Cotys & à établir le commencement de l'Ere du Bofphore. Elle eft de l'année 428. de même que la médaille précédente de Cotys. Ainfi il eft certain que c'eft dans cette année 428. de l'Ere du Bofphore, que Cotys eft mort, & que Rhœmetalcès lui a fuccédé.

Voici d'autres médailles de Rhœmetalcès.

ΒΑΣΙΛΕΩΣ ΡΟΙΜΗΤΑΛΚΟΥ. *cap. Rhœm. diad.*)(. *cap. Hadr. laur. infra* ΓΛΥ. (433.) en or, chez M. Pellerin. De l'an de Rome 889. ou 890. la 433e. année de l'Ere du Bofphore ; la 20e. ou 21e. du regne d'Hadrien (pl. III. nᵒ. 1.)

Evd. epig. cap. id.)(. *cap. Antonini laur. infra* ΜΥ. (440.) en or chez M. Fawkener. De l'an de Rome 896. ou 897. la 440e. de l'Ere du Bofphore ; la 6e. ou 7e. du regne d'Antonin.

Ead. epig. cap. id.)(. *cap id. infra* ΒΜΥ. (442.) en or d'après un deffein. De l'an de Rome. 898. ou 899. la 442. de l'Ere du Bofphore ; d'Antonin 8-9.

Ead. epig. cap. id. ante quod clava.)(. *cap. id. infra.*
ΔΜΥ. (444.) chez M. Pellerin. De l'an de Rome 900.
ou 901. la 444e. de l'Ere du Bosphore ; d'Antonin
10-11. Cette médaille est en or.

Ead. epig. ut supra.)(. *cap. id. infra* ΕΜΥ. (445.) en
or chez M. Pellerin. De l'an de Rome 901.-902. la
445. de l'Ere du Bosphore ; d'Antonin 11-12.

Celle-ci est en moyen bronze dans le cabinet du
Roi (pl. III. n°. 2.) ΒΑΣΙΛΕΩΣ ΡΟΙΜΗΤΑΛΚΟΥ.
cap. Rhæm. diad. ante quod tridens.)(. *victoria gradiens*
d. coronam , s. palmam. Hinc M. inde H.

Capitolin , dans la vie d'Antonin , parle de Rhœmetalcès, en ces termes : *Remetalcem in regnum Bos-*
phoranum , audito inter ipsum & curatorem negocio ; remi-
sit. Nous ne savons pas qui étoit ce Curateur. A juger
de Rhœmetalcès par ses médailles , il n'étoit pas d'un
âge à en avoir besoin , puisqu'il paroît avec de la barbe.
Cela m'a fait penser qu'il y a une faute du copiste dans

Casaubon in
Capitol.

ce passage : car les manuscrits varient dans le mot *cu-*
ratorem ; je crois qu'il faut lire *Eupatorem.* En effet , Eupator succéda à Rhœmetalcès. Il avoit apparemment
tenté de faire valoir ses droits , d'abord après la mort
de Cotys ; ce qui occasionna des mouvemens qui paroissent indiqués dans ces paroles d'Arrien à Hadrien ,

Periplus.

que j'ai rapportées ; *afin que le Bosphore vous fut connu ,*
si vous aviez des arrangemens à prendre sur les affaires de
ce royaume. Rhœmetalcès fut placé sur le trône , comme
on voit par la médaille de ce prince au revers d'Hadrien , que j'ai décrite. Mais après la mort de cet Empereur , Eupator renouvella peut-être ses prétentions &
s'empara du Bosphore. Alors l'affaire fut portée devant
Antonin

Antonin qui décida encore en faveur de Rhœmetalcès. L'expreſſion dont ſe ſert Capitolin, *remiſit* , fait aſſez entendre que Rhœmetalcès avoit été ſupplanté. Mais après ſa mort, il n'y eut plus d'obſtacle & Eupator lui ſuccéda.

E U P A T O R.

L Ucien , auteur contemporain d'Eupator , parle dans le paſſage que j'ai cité plus haut , des ambaſſadeurs de ce prince qui portoient le tribut annuel qu'il payoit à l'Empereur. Suivant la correction que j'ai propoſée à l'article précédent , Eupator qui avoit tenté pluſieurs fois d'être roi du Boſphore , en devint tranquille poſſeſſeur après la mort de Rhœmetalcès. Antonin le nomma au royaume dont il l'avoit privé quelques années auparavant.

Saurom. II.

L'Empereur & le Roi du Boſphore paroiſſent ſur cette médaille de M. Pellerin. (pl. III. nº. 3.) ΒΑΣΙ-ΛΕΩΣ ΕΥΠΑΤΟΡΟΣ. *cap. Eup. diad. ante quod ſceptrum ,* au revers : *cap. Ant. laur. infra* ΒΝΥ. (452.) de l'an de Rome 908-909 ; de l'Ere du Boſphore 452 ; d'Antonin 18. ou 19.

Nous avons quelques autres époques du regne d'Eupator dans les médailles ſuivantes.

Ead. Epig. cap. Eup. diad. au revers : *cap. Ant. laur. infra* ΓΝΥ. (453.) en or : le R. P. Panel la cite dans ſa *lettre à Mylord... ſur le cabinet de M. Lebret.* de l'an de Rome 909-910. la 453ᵉ. année de l'Ere du Boſphore. Dans les gravures de quelques médailles de M. Le-

p. ſ.

I

bret, il y en a une où le graveur a mis, fous la tête
d'Antonin, les lettres KNΥ. Il eſt viſible que c'eſt une
faute & qu'il doit y avoir ΓΝΥ. ou ΕΝΥ. & il ſe peut
bien que dans la deſcription de celle du P. Panel il y
ait auſſi une faute d'imprimeur ; car dans les catalogues
que j'ai des médailles de M. Lebret, je ne vois point
celle avec l'époque ΓΝΥ. & je n'y trouve que l'époque ΕΝΥ.

Ead. Epig. cap. id. ante quod clava. au revers : *cap. id.
infra* ΕΝΥ. *(455.)* en or, chez M. de Boſanquet à Londres. Elle étoit auſſi chez M. Lebret. De l'an de Rome
911-912 ; de l'Ere du Boſphore. 455.

Ead. Epig. cap. id. au revers : *cap. Antonini laur. ante
quod ſceptrum, vel jaculum, infra.* ϛΝΥ. (456) en or, d'a-
près un deſſein. De l'an de Rome 912-913 ; de l'Ere
du Boſphore. 456.

Ead. Epig. cap. id.)(. *capita nuda M. Aurelii &
Luc. Veri ; infra.* ϴΝΥ. (459.) en or, chez M. Pellerin.
Alius ſimilis Regius, ſine clava ante caput Eupatoris.
De l'an de Rome 915-916 ; la 459ᵉ. année de l'Ere
du Boſphore. Cette médaille eſt gravée dans Morel.
Vaillant la rapporte mal dans ſes notes ſur Seguin. Har-
douin en cite une pareille de petit bronze dans ſes
Num. Pop. p. 140. & *Chron. Vet. Teſt.* p. 581.

Speci. t. 1.
pl. 7.
p. 397.

Ead. Epig. cap. id. au revers : *eadem capp. infra.* ΞΥ.
(460.) en or, chez M. Pellerin. *Alius ſimilis Regius,
ſine clava ante caput Eupatoris.* De l'an de Rome 916-
917 ; la 460e. anné de l'Ere du Boſphore.

Ead. Epig. cap. id. au revers : *ead. capp. infra.* ΑΞΥ.
(461.) en or, chez M. Pellerin. *In alio ſimili Regio,
ſceptrum inter capita Aurelii & Veri. In alio D. Pelle-*

rin, *Stella*. De l'an de Rome 917-918; la 461e. de l'Ere du Bosphore.

Ead. Epig. cap. Eup. au revers : *cap. M. Aurelii , ante quod hasta. infra* ꞩΞΥ. (466.) en or, dans le catalogue du cabinet de Petersbourg , imprimé en 1741. où on attribue mal à propos cette médaille à Mithridate Eupator. On n'y voit que la tête de M. Aurele, Verus étoit mort depuis quelques mois. De l'an de Rome 922-923 ; la 466e. de l'Ere du Bosphore.

Ead. Epig. cap. id. au revers : *cap. Aurel. ante quod spiculum infra* ZΞΥ. (467.) en or , chez M. Pellerin De l'an de Rome 923-924 ; la 467e. année de l'Ere du Bosphore.

Le P. Frœlich , Jésuite, qui nous a donné des ouvrages fort savans sur les médailles , a publié dans un petit livre intitulé : *animadversiones in nummos urbium &c. Viennæ* 1738. la médaille suivante. (pl. III. n°. 4.) Il l'attribue à Eumene roi de Pergame, mais elle ressemble trop à tous égards, à celle que l'on a vû de Cotys II. pour douter qu'elle soit d'un roi du Bosphore. Le monogramme formé des lettres BA. ΕΥ. contient le nom d'Eupator & doit être lû BAΣIΛEΩΣ EΥΠATOPOΣ. Je dois cette observation à M. l'Abbé Barthelemi de l'Académie des Inscriptions & Belles Lettres , qui , avec l'agrement de M. de Boze , m'a communiqué toutes les médailles du cabinet du Roi dont j'ai eu besoin ; il m'a de plus fourni bien des remarques qui prouveroient ses connoissances dans ce genre de litterature , si je pouvois entrer ici dans des détails , que l'amitié & la reconnoissance semblent exiger de moi.

A l'égard des lettres NO. KΔ. & de celles du revers

KAΠE. qui font également fur la médaille de Cotys II.
(à l'exception pourtant de NO. je ne crois pas qu'on
puiffe les expliquer toutes d'une façon également fatis-
faifante. Le P. Frœlich donne aux deux premieres une
interprétation qui ne me paroît nullement vraifemblable. Je ne ferai aucun effort pour en trouver une autre
avec d'autant plus de raifon que j'ai des doutes que la
médaille n'a pas été bien lue dans cet endroit. Les lettres que l'on a pris pour NO , ne font peut-être que cette
ligne en forme de crochet que l'on voit fur les monogrammes qui contiennent les premieres lettres du nom
du roi du Bofphore , & que l'on peut obferver fur plufieurs médailles gravées dans l'ouvrage que je publie
aujourd'hui. Cette ligne , ou ce crochet fe trouve fur
la médaille de Cotys II. qui eft tout à fait dans le goût
de celle du P. Frœlich. J'ai déja dit que les lettres KΔ.
me paroiffent une énigme dont je ne me flattois pas de
trouver la folution. A l'égard de KAΠE. je penfe , avec
le P. Frœlich , que c'eft le commencement du mot KA-
ΠΕΤΩΛΙΟΝ , & le temple repréfenté fur la médaille
conduit naturellement à cette explication. Le culte de
Jupiter Capitolin paffa dans plufieurs provinces. On en
peut voir le détail & les preuves dans *Ricquius de
Capitolio*. Ainfi cette médaille nous apprend que le Bofphore étoit un des pays où Jupiter Capitolin avoit des
temples.

Philoftrate, dans fes vies des Sophiftes , nous a con-
Vita Polem. fervé un trait de la vie d'un roi du Bofphore qu'il ne
nomme pas. Il dit , qu'un prince du Bofphore , qui avoit
beaucoup cultivé les lettres Grecques , voulut voir l'Io-
nie ; & qu'étant à Smyrne , les Philofophes de cette

ville s'empreſſérent d'en être connus : mais que le So-
phiſte Polémon ne fut pas de ce nombre. Le Prince
lui fit dire vainement pluſieurs fois qu'il vouloit le voir ;
Polémon différant toujours, obligea enfin le Roi à venir chez lui, & il en reçut une ſomme conſidérable.
Comme Polémon a vêcu juſqu'au tems de M. Aurele,
& qu'avant de rapporter ce fait, Philoſtrate nomme ſouvent Antonin, il y a apparence que ce trait d'hiſtoire
regarde Eupator.

Je ne ſais ce qu'on doit penſer de l'hiſtoire d'un roi
du Boſphore, que Lucien raconte dans ſon *Toxaris*. Il
en parle comme d'un évenement recent. Si nous ajoû-
tions foi à ſon récit, cette avanture feroit arrivée vers
le tems d'Eupator, puiſque Lucien a vêcu ſous M. Aurele & Commode. Cette hiſtoire eſt remplie de circonſtances qui demandent beaucoup de crédulité. Il s'agit
d'un roi du Boſphore nommé Leucanor, qui fut aſſaſſiné par un Scythe ; & de ſon frere Eubiote qui lui ſuccéda. Je n'ai vû que dans Lucien le nom de ces princes, & je crois qu'on peut ſe diſpenſer de faire des efforts pour fixer le lieu & le tems de leur regne. Le récit de Lucien a bien l'air d'un roman. On ſait que cet
auteur ſe livre à la vivacité de ſon imagination, & que
ſon principal objet eſt de plaire à ſes lecteurs par des
railleries remplies de ſel, & par des faits extraordinai-
res. L'habitude d'introduire des interlocuteurs fabuleux, le portoit vers les fictions, & l'aſſujettiſſoit moins
aux regles de l'hiſtoire. Si l'on faiſoit dans la ſuite quelque découverte qui confirmât l'exiſtence de Leucanor
& d'Eubiote, on verroit ſi c'eſt ici leur place, & s'ils
doivent précéder Sauromate I I I. qui ſuit.

SAUROMATE III.

IL nous refte plufieurs médailles de Sauromate III. Celle ci eft chez M. Faꭩkener à Londres. ΒΑΣΙ-ΛΕΩΣ ΣΑΤΡΟΜΑΤΟΥ. *cap. Saur. diad.* au revers : *cap. Commodi laur. infra* ΖΟΥ. (477.) en or. De l'an de Rome 933 - 934 ; la 477e. année de l'Ere du Bofphore.

Ead. Epig. cap. id. au revers : *cap. id. laur. ante quod* ʸᵃⁱˡˡᵃⁿᵗ ᵈᵉʳ. *globus infra* ΖΠΥ. (487.) en or. Chez le Senateur An-Édⁱᵗ ᵗ. ². ᵖ. tonio Nani à Venife. De l'an de Rome 943-944 ; la 487e. de l'Ere du Bofphore.

La médaille fuivante eft dans le Mufeo Theupolo ; ˡ. ². ᵖ. 9;1. elle étoit auffi dans le cabinet de M. l'Abbé de Rothelin. (pl. III. nᵛ. 5.)

Ead. Epig. cap. id. au revers : *cap. id. ut fupra : infra* ΘΠΥ. (489.) L'année 489. de l'Ere du Bofphore répond à l'an de Rome 945-946. J'ai déja dit dans le difcours préliminaire que cette médaille de Commode fert effentiellement à montrer que l'Ere du Bofphore doit commencer dans l'automne de l'an de Rome 457. Je renvoye à ce que j'ai obfervé à ce fujet & je me borne à dire que cette médaille a été frappée dans les premiers mois de l'an 489. de l'Ere du Bofphore, & dans les derniers de l'an de Rome 945. ou peu de tems après ; car l'an 489. du Bofphore commençant dans l'automne de l'an 945. de Rome , & Commode étant mort le dernier jour de cette même année , il faut que la médaille qui le repréfente ait été frappée dans les derniers mois de l'an 945. do Rome, ou au plus tard au commencement de l'an 946.

Ead. Epig. cap. id.)(. *cap. Sept. Severi laur. ante quod stella* qϒ. (490.) en or, au cabinet de M. Pellerin. L'an de Rome 946-947; la 490ᵉ. année de l'Ere du Bosphore.

Ead. Epig. cap. id.)(. *cap. Sept. Severi laur. infra* ΒqΥ. (492.) en or, au cabinet du Roi. *Alius simili, sed ante cap. Severi globus.* Chez M. Pellerin *ex ære* 3°. De l'an de Rome 948-949; de l'Ere du Bosphore. 492.

Ead. Epig. cap. id. au revers : *cap. Severi laur. ante quod stella;infra* ΔqΥ. (494.) en or, au cabinet du Roi. De l'an de Rome 950-951; la 494ᵉ. de l'Ere du Bosphore.

Morel.
Seguin.

Ead. Epig. cap. id. au revers : *capita laur. adversa Severi & Caracallæ* ; *Lunâ crescenti intermediâ, infra* ΕqΥ. (495.) en or, chez M. Pellerin. Elle est aussi dans Spanheim, *Diss. t.* 2. *p.* 577. & dans le *Museo Theupolo t.* 1. p. 211. De l'an de Rome 951-952; de l'Ere du Bosphore. 495.

Ead. Epig. cap. id. au revers : *ead. capp. sceptro intermedio, infra* ΑΦ. (501.) en or, au cabinet du Roi. Hardouin la citée, *Num. Pop. p.* 140. De l'an de Rome 957-958. de l'Ere du Bosphore. 501.

Les deux qui suivent sont en bronze, dans le cabinet du Roi. (pl. III. n°. 6. & n°. 7.)

Ead. Epig. cap. id. au revers : *Eques gradiens d. elata s. hastam tenet; pone stella, infra* B.

Ead. Epig. cap. id. au revers : *fig. sedens, tribus spicis capiti impositis d. globum tenet s. hastam. à dextris cap.*

Sept. Severi laur. à finiſtris quaſi vexillum militare in areâ, B. M.

La médaille que je fais graver ici, eſt chez M. Pelle-rin ; le goût, la gravure & pluſieurs traits de reſſem-blance avec les précédentes, ne permettent pàs de l'at-tribuer à un aurre prince qu'à Sauromate III. (pl. III. n°. 8.) *Capita adverſa Sauromati & mulieris velatæ.* au revers : *mul. ſed d. pateram ; in area* B... *& ſtella.*

La ſuivante eſt du cabinet du Comte de Pembroke. (pl. III. n°. 9.) ΒΑΣΙΛΕΩΣ ΣΑΥΡΟΜ . . . *cap. diad. ornat.* au revers : *mul. ſed d. glob. in area* Λ, *in imo...*

c. 1. p. 249. Dans le cabinet Theupolo, il y a une médaille de grand bronze, qui eſt ainſi décrite : ΒΑΣΙΛΕΩΣ ΣΑΥΡΟ-ΜΑΤΟΥ. *cap. Saurom. diad.* au revers : *Sauromates eques ſ. ſceptrum ; in area cap. Septimii Severi laureatum, &* B. La tête de Severe qu'on voit ſur le revers de cette médaille, ne permet pas de douter qu'elle ne ſoit de *p. 300.* Sauromate III. de même que celle en moyen bronze, du même cabinet ainſi décrite : ΒΑΣΙΛΕΩΣ ΣΑΥΡΟ-ΜΑΤΟΥ. *cap. Saurom. Regis Thraciæ.* (il falloit dire *Boſ-pori*) *laur.* au revers : *mulier turrita ſedens, d. cap. Ca-racallæ laur. tenet, ſ. baculum, in areâ.* B. & dans laquelle on voit la tête de Caracalla.

Au même cabinet: ΒΑΣΙΛΕΩΣ ΣΑΥΡΟΜΑΤΟΥ. *cap.* *p. 1199.* *Saur. diad.* au revers : *Aquila alis expanſis. hinc* P. *inde* M A. *ex* Æ. 1°. Et celle - ci ſur laquelle je n'oſe pas prononcer, & que je me contente de décrire après l'E-diteur de ce cabinet: ΒΑΣΙΛΕΩΣ ΣΑΥΡΟΜΑΤΟΥ. *cap.* *Saurom. diad.*)(. ΒΑΣΙΛΙΣΣΗΣ ΠΗΠΑΙΠΙΡΕΩΣ. *caput. Pepæpiræ diad. in area* ΙΒ. *ex* Æ. 2°. Comme il y a bien des inexactitudes, dans le livre où eſt cette derniere mé-daille ;

daille, je ne crois pas devoir tenter de l'expliquer fur
la fimple defcription.

RHESCUPORIS III.

IL en eft de Rhefcuporis III. comme de plufieurs
autres rois du Bofphore ; les hiftoriens ne l'ont pas
même nommé : mais nous avons quelques unes de fes
médailles. (planche III. n°. 10.)

ΒΑΣΙΛΕΩΣ ΡΗΣΚΟΥΠΟΡΙΔΟΣ. *cap. Rhef. diad.* au revers : *cap. Caracallæ. laur. ante quod ftella. infra* ΑΙΦ.
(511.) en or, chez M. Pellerin. De l'an de Rome 967-
968. la 511e. année de l'Ere du Bofphore.

Ead. Epig. cap. id.)(. *cap. Caracal. laur. ante quod
tridens. infra* ΒΙΦ. (512.) en or au même cab. De l'an
de Rome 968-969. de l'Eredu Bofphore 512.

Ead. Epig. cap. id.)(. *cap. Alex. Severi laur. ante quod
ftella infra* ΑΚΦ. (521.) en argent, Spanheim. De l'an *Diff. t. 1. p.*
de Rome 977-978. de l'Ere du Bofphore 521. *501.*

COTYS III.

ΒΑΣΙΛΕΩΣ ΚΟΤΥΟΣ. *cap. Coty. diad. ante quod
fceptrum* ; au revers : *cap. Alex. Severi laur. infra*
ΘΚΦ. (529.) en argent au cabinet du Roi. De l'an de
Rome 985-986. de l'Ere du Bofph. 529. (pl. IV. n°. 1.)

Alius fimilis , en petit bronze au cabinet du Roi.

L'époque de cette médaille, qui avoit appartenu à
Seguin qui la publia, nous apprend que c'eft Cotys III. *Sel. Nam.*

K

qui la fit frapper. J'ai déja observé que Vaillant s'est
trompé en croyant qu'elle représentoit Cotys frere de
ce Mithridate qui fut roi du Bosphore sous Claude.

La médaille suivante est gravée dans le *Thes. Numis.*
de Patin. p. 50. ΒΑΣΙΛΕΩΣ ΚΟΤΥΟΣ. *cap. Coty. diad.*
au revers : *cap. Alex. Severi laur. infra* ΛΦ. (530.) en
argent. Spanheim la rapporte aussi. Ces deux auteurs
ont cru qu'elle représentoit un roi de Thrace ; mais elle
est certainement de Cotys III. roi du Bosphore. De
plus, je ne lis pas comme Patin & Spanheim ΛΦ. mais
ΛΦ. Je suis persuadé que Patin n'y a pas fait attention
ou que le graveur a tracé un Λ. au lieu d'un Λ ; à l'é-
gard de Spanheim, comme il n'a fait que copier Patin,
il n'est pas surprenant qu'il ait lû comme lui. L'époque
ΛΦ. (501.) remonteroit au tems où Sauromate III.
étoit roi du Bosphore ; comme le prouve la médaille que
j'ai décrite de ce prince, de l'année ΛΦ. 501. avec les
têtes de Severe & de Caracalla. Au lieu que l'époque
ΛΦ. 530. s'accorde parfaitement avec celle qui précéde
ΘΚΦ. 529. dans la médaille du même Cotys ; & avec
celle qui suit ΑΛΦ. 531. dans Ininthimevus son successeur. Cette médaille de Cotys est de l'an de Rome
986 - 987. de l'Ere du Bosphore 530.

Diss. t. 1. p. 500. (margin)

ININTHIMEVUS.

C'Est Seguin qui a fait connoître Ininthimevus, en
publiant une médaille de ce prince, qui est à présent
dans le cabinet du Roi. (pl. IV. n°. 2.) ΒΑΣΙΛΕΩΣ
ΙΝΙΝΘΙΜΗΥΟΥ. *cap. Inin. diad. ante quod sceptrum,* au

Selet. Num. (margin)

revers : *cap. Alex. Severi laur. infra* ΑΛΦ. (531.) en argent. De l'an de Rome 987-988. de l'Ere du Bosphore 531.

La médaille de Cotys qui précéde, avec l'époque ΛΦ. 530 : & celle que je vais rapporter de Rhefcuporis avec les lettres ΑΛΦ. 531. nous apprennent qu'Ininthimevus a regné à peine une année.

RHESCUPORIS IV.

Les médailles de Rhefcuporis IV. nous donnent *Patin in Sut- ton. p. 172. Spanh. Diff. s. 1. p. 501.* plufieurs époques différentes. ΒΑΣΙΛΕΩΣ ΡΑΣ- ΚΟΥΠΟΡΙΔΟΣ. *cap. Rhef. diad.* au revers : *cap. Alex. Severi laur. ante quod clava. infra* ΑΛΦ. (531.) en moyen bronze. De l'an de Rome 987-988. de l'Ere du Bosphore 531. Cette médaille eft de la même année que la précédente d'Ininthimevus , ce qui prouve que dans cette année 531. de l'Ere du Bosphore , Ininthimevus mourut & Rhefcuporis lui fuccéda.

ΒΑΣΙΛΕΩΣ ΡΗΣΚΟΥΠΟΡΙΔ. *cap. diadem.* au revers : *cap. Gordiani Pii laur. ante quod clava , infra* ϛΛΦ. (536.) en argent chez M. de Bofanquet de l'an de Rome 992-993. de l'Ere du Bosphore 536.

ΒΑΣΙΛΕΩΣ ΡΗΣΚΟΥΠ. *cap. Rhef. diad. ante quod clava.* au revers : *cap. Gordiani Pii laur. infra* ΘΛΦ. *Diff. fur les Rois du Bofph. p. 76.* (539.) en argent. Elle étoit dans le cabinet de M. l'Abbé de Rothelin & le P. Souciet la rapportée. De l'an de Rome 995-996. de l'Ere du Bosphore 539.

Ead. Epig. cap. id. au revers : *cap. Philippi laur. infra* ΑΜΦ. (541.) en moyen bronze. *Vaillant Reg. Bofph.*

K ij

p. 271. De l'an de Rome 997-998. de l'Ere du Bof-phore 541. *Alius similis*, *Regius* : en argent.

Vaillant 1. 2. *p.* 151. On en a publié une femblable dans le nouveau Vail-lant, mais elle n'eft pas à fa place, puifqu'on la met fous Hadrien, & qu'on dit qu'elle repréfente un roi de Thrace.

Seg. Selec. p. 43. *Ead. Epig. cap. Rhef. diad.* au revers : *cap. Philippi laur. infra* BMΦ. (542.) en moyen bronze. De l'an de Rome 998-999. de l'Ere du Bofphore 542.

ΒΑΣΙΛΕΩΣ ΡΗΣΚΟΥΠΟΡΙΔΟΣ. *cap. id.* au revers : *cap. Philippi laur. ante quod fceptrum infra* ΓΜΦ. (543.) en argent, chez M. Mead à Londres. De l'an de Rome 999-1000. de l'Ere du Bofphore 543.

Ead. Epig. cap. id.)(. *cap. Philipp. laur. ante quod ftella infra* ΕΜΦ. Æ. 3°. du cab. du Comte de Pembro-ke. De l'an de R. 1001-1002. de l'Ere du Bofphore 545.

ΒΑΣΙΛΕΩΣ ΡΗΣΚΟΥΠΟΡΙΔ. *cap. id.* au revers : *cap. Traj. Decii laur. ante quod ftella, infra* ϚΜΦ. (546.) en argent du cabinet du Comte de Pembroke. Elle eft auffi en bronze dans le cabinet de Brandebourg. De l'an de Rome 1002-1003. de l'Ere du Bofphore 546.

t. 3. *p.* 5. ΒΑΣΙΛΕΩΣ ΡΗΣΚΟΥΠΟΡΙΔΟΣ. *cap. id.* au revers : *cap. Traj. Decii laur. ante quod clava, infra* ΖΜΦ. (547.) en pothin au cabinet du Roi. De l'an de Rome 1003-1004. de l'Ere du Bofphore 547. (pl. I V. n°. 3.)

Ead. Epig. cap. id. au revers : *capp. adverfa laur. Treb. Galli & Volufiani, vel Hoftiliani, infra* ΗΜΦ. (548.) en petit bronze, du cabinet du Comte de Pembroke. De l'an de Rome 1004-1005. de l'Ere du Bofphore 548.

ΒΑΣΙΛΕΩΣ ΡΗΣΚΟΥΠ. *cap. id.* au revers *cap. Æmil. ut videtur, laur. infra* ΘΜΦ. (549.) en pothin au cabinet du Roi. De l'an de Rome 1005-1006. de l'E-re du Bofphore 549.

ΒΑΣΙΛΕΩΣ ΡΗΣΚΟΥΠΟΡΙΔ. *cap. id.*)(. *cap. id. laur.* *ante quod stella*, *infra* ΘΜΦ. (549.) en petit bronze au cabinet du Roi. De la même année que la précédente. (*o*)

ΒΑΣΙΛΕΩΣ ΡΗΣΚΟΥΠΟΡΙΔΟΣ. *cap. id. ante quod tridens*; au revers: *capp. laur. Gallieni & Odenathi ut videtur, infra* ΞΦ. (560.) en petit bronze du cabinet du Comte de Pembroke. De l'an de Rome 1016-1017. de l'Ere du Bosphore 560.

ΒΑΣΙΛΕΩΣ ΡΗΣΚΟΥΠΟΡΙΔΟΣ. *cap. id. ante quod tridens.*)(· *cap. Gallieni, ante quod* K. *infra* ΓΞΦ. (563.) en petit bronze au cabinet du Roi. Elle est aussi dans Vaillant, où elle n'est pas gravée exactement. De l'an de Rome 1019-1020. de l'Ere du Bosphore 563.

Reg. Bosph. p. 284.

TEIRANES.

NOus fommes à l'égard de ce prince, dans la même ignorance, où nous nous fommes trouvés fur plufieurs autres rois du Bosphore dont les auteurs ne font pas mention. Nous ne connoiffons ni leur origine, ni les titres qu'ils ont eus pour monter fur le trône, ni les événemens de leur regne : nous ne faurions pas même qu'ils ont exifté, fans le petit nombre de leurs médailles qui font venues jufqu'à nous. Ces précieux reftes de l'Antiquité nous dédommagent en quelque façon du profond filence des auteurs, & c'eft une raifon fuffifante de les ramaffer avec foin. S'ils ne nous fourniffent que des lumieres bornées, ils fauvent du moins d'un parfait oublí des princes, qui fans eux, feroient entiérement inconnus.

(*o*) Le p. Souciet, *Diff. p.* 78. en cite une qu'il ne décrit point, avec || l'époque ΗΝΦ. 558.

La médaille de Teiranès que je publiai en 1744. donna lieu à la differtation que je fis alors. Des recherches que je crois plus heureufes, & de nouvelles médailles ont fait naître l'ouvrage que je publie aujourd'hui. On a pû voir par tout ce que j'ai dit dans la differtation préliminaire, que l'hiftoire des rois du Bofphore, étoit fufceptible de bien des difficultés. Il ne faut donc pas être furpris qu'un fujet fi épineux & fi obfcur, ait produit des doutes & des conjectures : les doutes qui menent à la vérité, méritent peut-être le nom de découvertes.

Cette médaille de Teiranès , que je crois unique , m'eft venue des lieux mêmes où ce prince a regné. (pl. IV. n° 4.)

ΒΑΣΙΛΕΩΣ ΤΕΙΡΑΝΟΥ. *cap. Teirani diad.* au revers : *cap. Probi laur. infra* ΓΟΦ. (573.) De l'an de Rome 1029·1030. de l'Ere du Bofphore 573.

THOTHORSES.

PEUT-ETRE que Thothorsès n'a pas été le fucceffeur immédiat de Teiranès ; car entre la médaille de celui-ci, & la plus ancienne de Thothorsès, il y a 20. ans d'intervalle ; mais il feroit bien facile de placer entre ces deux princes, les rois du Bofphore que de nouvelles médailles pourroient nous faire connoître dans la fuite.

On ne peut rien dire de Thothorsès ; il faut fe borner à rapporter fes médailles.

ΒΑΣΙΛΕΩΣ ΘΟΘΟϤΣΟΥ. *fic. cap. Thothor. diad.* au re-

vers : *cap. Diocletiani laur. infra* Γqφ. (593.) *in areâ* φ.
en petit bronze , du Comte de Pembroke. De l'an de
Rome 1049-1050. de l'Ere du Bosphore 593. Ce que
l'on voit dans le champ gravé comme un φ. me paroît
être une représentation imparfaite du trident , qui est
sur plusieurs autres médailles de ces rois.

ΒΑΣΙΛΕΩΣ ΘΟΘΟΡΣΟΥ. *cap. Thoth.* au revers : *caput Diocletiani. laur. infra* Δqφ. (594.) *in areâ* φ.
en petit bronze, du Comte de Pembroke. De l'an de
Rome 1050-1051. de l'Ere du Bosphore 594.

ΒΑΣΙΛΕΩΣ ΘΟΘΟΡΣΟΥ. *cap. Thotho. diad. ante quod tridens* , au revers : *cap. Diocl. laur. infra* ϛqφ. (596.)
in areâ φ. en petit bronze, au cabinet du Roi. De l'an
de Rome 1052-1053. de l'Ere du Bosphore 596.

ΒΑΣΙΛΕΩΣ ΘΟΘΟΡΣΟΥ. *cap. id. diad. ante quod tria punčta ;* au revers : *cap. Diocl. laur. pone tria punčta , infra* Ηqφ. (598.) en petit bronze, au cabinet du Roi.
(pl. IV. n°. 5.) De l'an de Rome 1054-1055. de l'Ere
du Bosphore 598.

ΒΑΣΙΛΕΩΣ ΘΟΘΩΡΣΟΥ. *cap. ut supra* , au revers :
cap. Dioclet. laur. pone tria punčta ; ante tridens, infra
Θqφ. (599.) en petit bronze, du Comte de Pembroke.
De l'an de Rome 1055 - 1056. de l'Ere du Bosphore
599.

SAUROMATE IV.

S AUROMATE IV. succéda à Thothorsès. Constantin Porphyrogenete , Empereur dans le dixiéme siécle , nous l'apprend indirectement , dans un ouvrage où

il fait mention de quelques rois du Bosphore. Voici le
passage de cet auteur, par lequel commence le chapitre 53. de son livre : *De administrando Imperio.* Βασι-
λεύοντος Διοκλητιανȣ ἐν Ρωμη , ἐν δ̓ἐτῇ χερσωνιτῶν ϛεφανηφο-
ρȣντος κ̓ πρωτεύοντος Θεμιϛȣ̃, τȣ̃ Θεμιϛȣ̃ Σαυρόματος, ὁ ἐκ
τῶν Βοσποριανῶν κρίσκων , ὅρȣ δὲ παῖς γενόμενος. κ. τ. λ.
Meursius qui a le premier publié cet ouvrage , traduit
ainsi cet endroit : *Imperante Romæ Diocletiano , apud
Cherſonitas verò principatum tenente Themiſto Themiſti
Sarmatæ filio , Criſcon Boſporianus Ori filius, &c.* Il ne
s'est pas apperçu que ce passage est corrompu , & que
les noms des rois du Bosphore y sont défigurés. Si le
mot Σαυρόματος indiquoit le pays de Themiste magistrat
des Cherſonites , il devroit être au génitif, comme le
mot qui précéde , & on liroit Σαυρομάτȣ , ou plutôt
Σαρματȣ̃ , mais c'est ici le nom du roi du Bosphore , &
non celui du pays de Themiste. Les mots qui suivent ,
κρίσκων ὅρȣ δὲ παῖς , ont été écrits par quelque copiste
qui a mal lû, ou qui n'a pas su suppléer quelques lettres effacées dans l'original qu'il copioit. Je ne doute
pas qu'au lieu de κρίσκων ὅρȣ δὲ παῖς , il ne faille lire
Ρησκȣπόριδος παῖς. La suite le montre évidemment : car

Hiſt. des Emp.
Vol. 4. p. 19.

le Roi du Bosphore , personnage essentiel dans cette histoire, ne paroît plus sous le nom de Criscon ; c'est toujours Sauromate. M. Tillemont entrevit la difficulté ,
mais il ne remonta pas à la source du mal ; *Criſcon,* dit-il ,
Prince du Boſphore , nommé ce ſemble auſſi Sauromate, &c.
Il ne s'agit dans ce passage que de Sauromate ; c'est ce
prince qui paroît toujours dans la suite , & on voit bien
que c'est le mot de Ρησκȣπόρειδος défiguré , qui a produit
le nom imaginaire de Criscon. On en trouve encore
une

une preuve à la page 210. du même chapitre, où il y a
Σαυρματος; ὁ ἔγλο·ο; Σαυρμάτυ τῶ κεισκορῶν , &c. Si
Crifcon étoit le nom du roi du Bofphore , il faudroit qu'il y eut ici κεισκόνα & non κεισκορόνς mot barbare , dans lequel il eſt facile de voir encore le mot de
Ρησκυπόειδα corrompu. Ce font les deux feuls endroits
dans ce long chapitre de Conſtantin Porphyrogenete , où
il foit parlé du prétendu Crifcon ; parce que ce font les
feuls où fe trouvoit le nom de Rhefcuporis que le copiſte ne connoiſſoit pas & qu'il transforma en Crifcon ,
ou en Crifcon fils d Orus.

Après l'examen & la correction de ce paſſage , il reſte
à placer les princes dont Conſtantin nous donne la con-
noiſſance. Il en nomme trois , Rhefcuporis , fon fils
Sauromate , & fon petit fils appellé auſſi Sauromate.
Il paroît conſtant , par fon recit , que les deux derniers
ont été rois du Bofphore ; mais il y a quelque incertitude à l'égard de Rhefcuporis. Conſtantin nous apprend
feulement que Sauromate roi du Bofphore étoit fon fils.
Mais comme à la page 210. du même chapitre 53. il
dit que l'autre Sauromate , fils du précédent , voulut
venger l'affront de fon ayeul Rhefcuporis qui avoit été
fait prifonnier de guerre; s'il y a lieu de conjecturer de là ,
que Rhefcuporis avoit été pris en commandant les Bofphoriens en qualité de Roi , il ne peut avoir regné que
très peu de tems ; puifque l'événement que Conſtantin
rapporte s'eſt paſſé fous Diocletien , & que Thothorsès
a été roi du Bofphore jufqu'aux dernieres années de cet
Empereur , comme nous l'avons vû par fes médailles.
Si on trouvoit quelque médaille de ce Rhefcuporis , on
feroit décidé fur ce point. Dans cette incertitude , &

L

eu égard au peu de tems qu'il y a depuis les dernieres
années de Thothorsès jufqu'à l'événement que Conftantin raconte, je ne mets point ce Rhefcuporis au nombre des rois du Bofphore, & je fais fuccéder Sauromate
I V. à Thothorsès.

Sauromate I V. fils de Rhefcuporis, arma contre les
Romains : il foula les peuples qui étoient fous leur obéiffance, & s'avança jufques fur les bords du fleuve Ha-
lys. Dès que la nouvelle en vint à Diocletien il envoya
contre lui Conftance, pere de Conftantin le Grand,
qui ne pouvant pas le repouffer à force ouverte, eut
recours à d'autres moyens. Il engagea les Cherfonites,
peuples qui habitoient la Cherfonèfe du Bofphore Cimmérien, & qui étoient foumis aux Romains, d'entrer
dans les terres de Sauromate, de s'en rendre les maîtres & d'y faire captives les familles Bofphoriennes. Les
chefs des Cherfonites fecondérent parfaitement les
deffeins de Conftance ; ils firent une incurfion dans le
Bofphore, battirent tout ce qui leur réfifta, & emmené-
rent avec un grand nombre de prifonniers, les femmes
de Sauromate. Mais ils traitérent ces captives avec douceur, & leur dirent que fi elles vouloient être rétablies,
il falloit envoyer vers Sauromate pour le porter à faire
la paix avec les Romains ; & que ce n'étoit qu'à ces
conditions qu'elles feroient libres & renduës à leur patrie. Les Bofphoriennes y confentirent : elles député-
rent à Sauromate, qui après quelques négociations, fut
obligé de faire la paix avec Conftance, & de fe retirer
chez lui. Diocletien marqua beaucoup de reconnoiffance aux Cherfonites, à qui il devoit le fuccès de cette
guerre, & les affranchit du tribut qu'ils payoient aux Romains.

Conftantin Porphyr, ibid.

SAUROMATE V.

QUELQUES années après l'avénement de Conftantin à l'Empire, Sauromate V. fils de Sauromate & petit fils de Rhefcuporis, fit la guerre aux Cherfonites pour venger la honteufe captivité de fon ayeul.
Les Cherfonites fe préparérent à réfifter à l'ennemi : la
fortune leur fut favorable ; Sauromate fut battu & repouffé. Les Cherfonites fixérent des limites que Sauromate & les Bofphoriens s'engagérent avec ferment de
ne pas franchir. Après ce traité ces peuples retournérent chacun dans leurs états.

RHESCUPORIS V.

ΒΑΣΙΛΕΩ. ... *cap. diad.* Au revers: *cap. radiatum*
infra ΧΗ. (608.) en petit bronze, du cabinet du
Comte de Pembroke. (pl. IV. n°. 6.) Le nom du roi
du Bofphore eft effacé fur cette médaille, ainfi on ne
peut dire fi elle eft de Rhefcuporis, ou de Sauromate
qui la précédé. Quelque médaille mieux confervée dé-
cidera la queftion. Si elle eft de Rhefcuporis, ce prince
fuccéda bientôt à Sauromate V. qui ne fut mis fur le
trône que quelques années après que Conftantin fut parvenu à l'Empire, puifque cette annéc ΧΗ (608.) de
l'Ere du Bofphore qui concourt avec l'an de Rome,
1064 - 1065. n'eft que la 6e. ou 7e. de Conftantin

L ij

ΕΑΣΙΛΕΤΣ ΡΗΣΓΟΥΠΟ . . . . . *cap. diadem. ante quod*
tridens. Au revers : *caput Conſtantini , infra* ϛΙΧ. (6 16.)
en petit bronze, de l'an de Rome 1072. ou 1073. le 616.
de l'Ere du Boſphore ; du cabinet de M. de l'Iſle de
l'Académie des Sciences. (pl. I V. n°. 7.)

ΒΑΣΙΛΕΤΣ ΡΗΣΚΟΤΠΟΡΙΣ. *cap. Rheſc. ante quod*
tridens.)(. *caput Conſtantini , ante quod ſymbolum igno-*
tum, infra ΗΙΧ. (6 18.) en petit bronze, au cabinet du
Roi. L'an de Rome 1074. ou 1075. de l'Ere du Boſphore 618.

ΒΑΣΙΛΕΤΣ ΡΗΣΚΟΤΠΟΡΙΣ. *cap. id. cum tridente.*
Au revers : *cap. id. laur. infra* ΚΧ. (620.) en petit
bronze, au cabinet du Roi. De l'an de Rome 1076. ou
1077. de l'Ere du Boſphore 620.

ΒΑΣΙΛΕΤΣ ΡΙΣΚΟΤ . . . *cap. Rheſc. diad.* Au revers :
cap. Conſt. in area ΚΧ. (620.) en petit bronze. *Ibid.*
De la même année. Ces médailles avec les époques
ΗΙΧ. ΚΧ. ſont dans l'ouvrage de Vaillant ſur les rois du
Boſphore, mais elles y ſont gravées peu exactement.

T. 1. pl. 28. Dans les voyages de M. de la Mottraye, il y en a une
avec l'époque ΑΚΧ. (621.) De l'an de Rome 1077-
1078. de l'Ere du Boſphore 621.

 . . . . . . ΗΣΚΟΤ . . . *cap. Rheſc. ante quod flos , vel ſi-*
mile quid. Au revers : *cap. Conſtant. ante quod fig. ſt. d.*
elata. Infra ΒΚΧ. (622.) en petit bronze, du cabinet du
Comte de Pembroke. De l'an de Rome 1078-1079. de
l'Ere du Boſphore 622.

ΒΑΣΙΛΕΩΣ ΡΗΣΚΟΤΠΟΡΙΔ. *cap. Rheſc. ante quod*
ſtella. Au revers : *cap. Conſtant. rad. infra* ΔΚΧ. (624.)
en petit bronze, chez M. Pellerin. De l'an de Rome
1080-1081. de l'Ere du Boſphore 624.

Dans le manuscrit de M. de Peiresc. qui est dans le
cabinet de M. de Boze & que j'ai déja cité, on trouve
la description de la médaille suivante : ΒΑΣΙΛΕΩΣ ΡΑΣ-
ΚΟΥΠ. 1. *caput... petasatum.* Au revers : M. X. *caput
laureatum : num. arg. ærof.* Si cette médaille a été bien
lue, elle prouve que Rhescuporis a regné au moins jusqu'à l'an 640. de l'Ere du Bosphore, l'an de Rome
1096-1097.

SAUROMATE VI.

N OUS voici parvenus à la fin du royaume du Bosphore. Constantin Porphyrogénete nous apprend
que quelques années après le traité par lequel Sauromate V. s'étoit engagé de ne pas passer les bornes pres-
crites à son Empire, un autre Sauromate déclara la
guerre aux Chersonites, & voulut rentrer en possession
des terres, dont il disoit qu'il avoit été dépouillé par
violence. Ce prince, à la tête d'une nombreuse armée
plein de fierté & de confiance, insultoit aux Chersonites. Pharnace étoit le chef de ces derniers : il assembla
ses compatriotes, & il leur proposa de ne point exposer leurs troupes, & de décider la querelle par un combat singulier qu'il s'offroit de présenter à Sauromate. Le
défi fut accepté par les Bosphoriens, avec d'autant plus
de facilité, que Sauromate étoit d'une taille très avan-
tageuse, & qu'ils se flattoient que Pharnace, qui lui
étoit bien inférieur à cet égard, ne lui resisteroit pas.
Les deux combattans s'avancérent donc en présence des
armées : Pharnace se plaça de façon que Sauromate tour-

Ibid. p. 211.

noit le dos à ſes en nemis. Au moment qu'ils en venoient aux mains , les Cherſonites , ainſi qu'ils en étoient convenus avec Pharnace, pouſſérent un grand cri : à ce bruit Sauromate tourna la tête ; Pharnace faiſit cet inſtant pour lui porter un coup mortel ; & après l'avoir abattu, il lui coupa la tête. Par cette victoire, les Cherſonites devinrent les maîtres du Boſphore, & reduiſirent les habitans en captivité. Cependant dans la ſuite les Cherſonites contens d'avoir étendu les limites de leur empire , laiſſérent aux Boſphoriens quelques terres à cultiver , *& les bornes de ces états*, dit Conſtantin , *ſont encore les mêmes aujourd'hui.*

Ibid.

Après cette révolution, il n'y eut plus de rois du Boſphore. Un chef de ceux à qui Pharnace permit de cultiver quelques terres de leur ancien royaume, nommé Aſandre, fit une tentative pour rentrer en poſſeſſion du Boſphore ; mais la conſpiration fut découverte ; ſon fils en fut la victime, & les Boſphoriens furent pour toujours ſoumis aux Cherſonites.

Conſt. Ibid. p. 214.

Vaillant n'a donc pas eu raiſon de dire que le Boſphore Cimmérien n'eut des rois que juſqu'à l'Empereur Valerien. Il a mal pris le ſens des paroles de Zoſime ſur lequel il ſe fonde. Il eſt vrai que cet hiſtorien dit, dans la vie de Valerien, *que la famille royale du Boſphore étoit éteinte*, mais il ajoûte , *que ceux qui gouvernoient le Boſphore depuis l'extinction de la race royale , étoient des hommes mépriſables qui n'avoient pas la force de s'oppoſer aux incurſions des Scythes.* Zoſime ne dit pas que le Boſphore n'avoit plus de rois ſous l'Empereur Valerien, mais il prétend que ceux qui commandoient alors, n'étoient pas de la race royale. Il ne s'enſuit nullement de

là que ces chefs ne priffent pas le titre de Roi , quoiqu'indignes de l'être au jugement de Zofime. Ainfi le
témoignage de cet auteur fuffiroit pour ne pas borner
la troifiéme Dynaftie du Bofphore , au tems de l'Empereur Valerien, quand même nous n'aurions pas les
paffages de Conftantin Porphyrogénete que j'ai rapportés , & toutes les médailles que j'ai décrites des derniers
rois du Bofphore.

Je termine cet ouvrage par quelques médailles du
Bofphore dont le tems eft incertain , & dont la gravure
ne m'a pas paru avoir des marques affez caracteriftiques
pour déterminer à quel prince elles appartiennent.

La premiere qui eft de grand bronze, fe trouve dans
le cabinet de M. Pellerin. ΒΑΣΙΛΕΩΣ ΣΑΥΡΟΜΑΤΟΥ.
cap. Saurom. laur. au revers : *fig. milit. ft. d. haft. f.*
clavam; *hinc littera deleta, inde* B. (pl. IV. n°. 8.)

La feconde , qui eft de moyen bronze eft confervé au cabinet du Roi : ΒΑΣΙΛΕΩΣ ΡΗΣΚΟΥΠΟΡΙΔΟΣ.
cap. Rhæf. laur. au revers : *fig. eques. d. elata in area* B.
& ftella : (pl. IV. n°. 9.) c'eft à peu près la même que
celle du *Mufeo Theupolo* p. 1240.

La troifiéme qui eft auffi de moyen bronze fe trouve
au même cabinet : ... A ... ΛΕΩΣ. *cap. diad. ornat.* au
revers : *cap. mul. velatum, in area* B. (pl. IV. n°. 10.)
Si cette piéce étoit mieux confervée , elle pourroit nous
faire connoître une princeffe du Bofphore , ou fervir
de confirmation à la médaille qui eft dans le *Mufeo*
Theupolo, avec la légende ΒΑΣΙΛΙΣΣΗΣ ΠΗΠΑΙΠΙΡΕΩΣ.
que j'ai rapportée à l'article de Sauromate III.

Je joins à ces deffeins la defcription d'une médaille
que je ne fais point graver, parce que je ne fuis par cer-

tain que la note qu'on m'en a donnée foit exacte. BAΣI-
ΛΕΩΣ ΚΟΤΤΟΣ. *cap. Cotyis ex adverfo*, *cap. muliebre*,
au rev. B. . . *fig. mul. fed. d. pateram*, *f. haft. pro pedi-
bus rota*, en petit bronze.

Il faudroit avoir fous les yeux toutes les médailles du
Bofphore que nous connoiffons, pour faire attention à
la reffemblance des unes aux autres ; & à la conformité
du métal, du deffein & de la gravure. On pourroit à
la faveur de cette comparaifon, déterminer la place des
piéces inconnues. Mais comme les médailles des rois
du Bofphore font affez rares, & qu'il ne faut pas efpé-
rer de les voir toutes réunies dans le même cabinet, la
comparaifon eft impoffible. Il faut fe contenter de les
voir au rang des *incerta*, qui font une claffe dans toutes les fuites des médailles.

F I N.

SUITE

SUITE
DES
ROIS DU BOSPHORE.
PREMIERE DYNASTIE.

LEs Archæanactides vers l'an de Rome 267. avant J. C. 487. p. 25.

DEUXIEME DYNASTIE.

La suite des rois du Bosphore est ici interrompue, & il y a un vuide de plus de 170. ans.

M

TROISIEME DYNASTIE.

FIN DE LA TABLE.

MEDAILLES
DES
ROIS DU BOSPHORE
CIMMERIEN.

Pl. 1

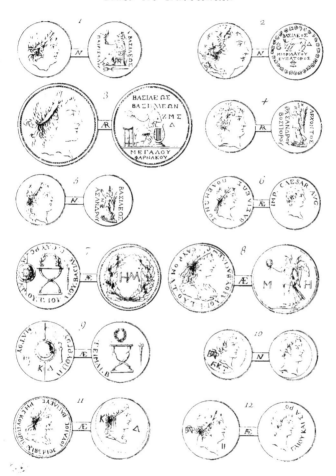

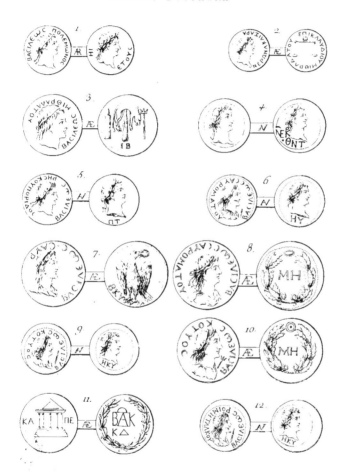

APPROBATION.

J'Ai lû par ordre de Monseigneur le Chancelier, un Manuscrit intitulé *Histoire des Rois de Thrace, & de ceux du Bosphore, éclaircie par les Médailles*, & il m'a paru que cet ouvrage rempli de savantes recherches & d'une critique exacte, seroit très-utile à tous ceux qui s'appliquent à l'étude de l'Histoire ancienne & des Médailles. A Paris, ce 15 Novembre 1751.

GIBERT.

PRIVILEGE DU ROI.

LOUIS, par la grace de Dieu, Roi de France & de Navarre : A nos amés & féaux Conseillers-Secrétaires les gens tenans nos Cours de Parlement, Maîtres des Requêtes ordinaires de notre Hôtel, Grand Conseil, Prévôt de Paris, Baillifs, Sénéchaux, leurs Lieutenans civils & autres nos Justiciers qu'il appartiendra, Salut. Notre amé l'Abbé BARTHELEMY, Nous a fait exposer qu'il desireroit faire imprimer & donner au Public un Ouvrage qui a pour titre, *Histoire des Rois de Thrace & de ceux du Bosphore*, par M. CARY, de l'Académie de Marseille, s'il nous plaisoit lui accorder nos Lettres de Permission pour ce nécessaires. A CES CAUSES, voulant favorablement traiter l'Exposant, Nous lui avons permis & permettons par ces Présentes de faire imprimer ledit Ouvrage en un ou plusieurs volumes, & autant de fois que bon lui semblera, & de le faire vendre & débiter par-tout notre Royaume pendant le tems de six années consécutives, à compter du jour de la date des Présentes ; Faisons défenses à tous Imprimeurs, Libraires & autres personnes de quelque qualité & condition qu'elles soient, d'en introduire d'impression étrangere dans aucun lieu de notre obéissance, A la charge que ces Présentes seront enregistrées tout au long sur le Registre de la Communauté des Imprimeurs & Libraires de Paris, dans trois mois de la datte d'icelles ; que l'impression dudit Ouvrage sera faite dans notre Royaume, & non ailleurs, en bon papier & beaux caracteres conformément à la feuille imprimée attachée pour modele sous le contre-scel des Présentes, que l'Impétrant se conformera en tout aux Réglemens de la Librairie, & notamment à celui du 10 Avril 1725. qu'avant de l'exposer en vente, le Manuscrit qui aura servi de copie à l'impression dudit Ouvrage, sera remis dans le même état où l'approbation y aura été donnée, ès mains de notre très-cher & féal Chevalier Chancelier de France le Sieur de Lamoignon, & qu'il en sera ensuite remis deux Exemplaires dans notre Bibliothéque publique, un dans celle de notre Château du Louvre, un dans celle de notre très-cher & féal Chevalier, Chancelier de France, le Sieur de Lamoignon, & un dans celle de notre très-cher & féal Chevalier, Garde des Sceaux de France, le Sieur de Machault Commandeur de nos Ordres, le tout à peine de nullité des Présentes. Du contenu desquelles vous mandons & enjoignons de faire jouir ledit Exposant & ses ayans causes, pleinement & paisiblement, sans souffrir qu'il leur soit fait aucun trouble ou empêchement. VOULONS que la copie des Présentes qui sera imprimée tout au long au commencement ou à la fin dudit Ouvrage, foi foit ajoûtée comme à l'Original. COMMANDONS au premier notre Huiſſier ou Sergent ſur ce requis, de faire pour l'exécution d'icelles, tous actes requis & néceſſaires, ſans demander autre permiſſion, & nonobſtant clameur de Haro, Charte Normande & Lettres à ce contraires. CAR tel eſt notre plaiſir Donné à Verſailles le ving-neuf jour du mois de May, l'an de grace mil ſept cent cinquante - deux, & de notre Regne le trente-ſeptiéme. Par le Roy en ſon Conſeil.

SAINSON.

Regiſtré ſur le Regiſtre treize de la Chambre Royale des Libraires & Imprimeurs, N°. IX. fol. 6. conformément au Réglement de 1723. qui fait défenſe Art. 4. à toutes perſonnes, de quelque qualité qu'elles ſoient, aucuns Livres pour les vendre en leurs noms, ſoit qu'ils s'en diſent les Auteurs ou autrement, & à la charge de fournir à la ſuſdite Chambre neuf Exemplaires preſcrits par l'Art. 108. du même Réglement. A Paris, le 21. Avril 1752.

Signé, COIGNARD, Syndic.

Fautes à corriger dans l'hiſtoire des Rois de Thrace.

PAGE 23. à la marge, Demos. th. *liſez* Demoſth.
p. 62. lignes 6. & 11. Rhœſcus. *liſ.* Rheſcus.
Ibid. lig. 5. & 12. Rhœſcuporis *liſ.* Rheſcuporis.
p. 64. lig. 5. Rhæmetalcès, *liſ.* Rhœmetalcès.
p. 65. à la marge. *Ibid. liſ.* Dio.
p. 70. lig. 6. aucunes, *liſ.* aucune.

Dans l'hiſtoire des Rois du Boſphore.

p. 35. lig. 19. Lucain, *liſez* Lucien.
p. 36. lig. 10. d'Aſde, *liſez* d'Aſandre.
p. 47. lig. 15. l'an de Rome 783. *liſ.* vers l'an de Rome 82.
p. 50. lig. 5. 781. *liſ.* 791.
p. 72. à la marge. p. 249. *liſ.* p. 949.
p. 94. lig. 1. ΕΑΣΙΛΕΥΣ, *liſ.* ΒΑΣΙΛΕΥΣ

FIN.

Imprimé en France
FROC030105191020
25456FR00012B/250